Gunther Hauser
Die OSZE

Reihe
WIFIS-aktuell

herausgegeben von

WIFIS – Wissenschaftliches Forum für Internationale Sicherheit e.V., vertreten durch

Prof. Dr. Michael Staack, Helmut-Schmidt-Universität/Universität der Bundeswehr Hamburg

Band 56

Gunther Hauser

Die OSZE

Konfliktmanagement im Spannungsfeld regionaler Interessen

Verlag Barbara Budrich
Opladen • Berlin • Toronto 2016

Bibliografische Information der Deutschen Nationalbibliothek
Die Deutsche Nationalbibliothek verzeichnet diese Publikation in der Deutschen Nationalbibliografie; detaillierte bibliografische Daten sind im Internet über http://dnb.d-nb.de abrufbar.

Gedruckt auf säurefreiem und alterungsbeständigem Papier.

www.budrich-verlag.de

ISBN 978-3-8474-0774-4 (Paperback)
eISBN 978-3-8474-0893-2 (eBook)

Umschlaggestaltung: Walburga Fichtner, Köln
Typographisches Lektorat: Ulrike Weingärtner, Gründau
Druck: paper & tinta, Warschau
Printed in Europe

Inhaltsverzeichnis

1. Einleitung

Die *Organisation für Sicherheit und Zusammenarbeit in Europa* (OSZE) – mit 57 Teilnehmerstaaten aus Europa, Nordamerika und Zentralasien die größte *regionale Sicherheitsorganisation* der Welt unter Kapitel VIII der Charta der *Vereinten Nationen* (VN) – wurde am 1. Januar 2015 zwanzig Jahre alt (vgl. Zannier 2015: 16). Der VN-Sicherheitsrat kann nach Artikel 53 Abs. 1 (Kapitel VIII) Organisationen der regionalen Abmachung ermächtigen, Zwangsmaßnahmen unter seiner Autorität durchzuführen. Andererseits bestimmt Artikel 53 Abs. 1:

„Ohne Ermächtigung des Sicherheitsrates dürfen Zwangsmaßnahmen auf Grund regionaler Abmachungen oder seitens regionaler Einrichtungen nicht ergriffen werden" (Vetschera 2000: 129).

Die OSZE entstand aus jenem Prozess, der durch die eigentliche *Konferenz für Sicherheit und Zusammenarbeit in Europa* (KSZE) (1973–1975) eingeleitet wurde. Die Umbenennung der Mitte der 1990er Jahre bereits weitgehend institutionalisierten KSZE in OSZE erfolgte auf dem Gipfeltreffen von Budapest am 3. Dezember 1994 – mit Wirksamkeit zum 1. Januar 1995. Da die OSZE von Anfang an nicht als eine *Organisation* gegründet, sondern als *Konferenz* ins Leben gerufen wurde, „spricht man auch heute nicht von ‚Mitgliedern', sondern von ‚Teilnehmerstaaten'" (Vetschera 2000: 115). Die umfassende Arbeit der OSZE liegt vor allem „in langfristigen Perspektiven, insbesondere in der Schaffung von Regelwerken, die das friedliche Zusammenleben in Europa ermöglichen sollten (‚normativer Charakter')" (Vetschera 2000: 115). Der Autor setzt sich mit dieser Studie zum Ziel, nicht nur die *Hintergründe* zu analysieren, die zum KSZE-Prozess geführt haben, sondern auch das *Wesen* und *Wirken* der KSZE/OSZE in den vergangenen 40 Jahren in Zeiten von Spannungen und Entspannungsprozessen zwischen West und Ost zu erörtern sowie mögliche künftige Handlungsmöglichkeiten der OSZE zu diskutieren.

2. Die Sowjetunion, die Menschenrechte und die Schlussakte von Helsinki

Die Anregung zur Einleitung einer *europäischen Sicherheitskonferenz* als einer *blockübergreifenden Institution* erfolgte durch die Sowjetunion mit dem Ziel der Stabilisierung ihres mittelosteuropäischen Machtbereiches. Anlässlich einer Tagung des *Politischen Beratenden Ausschusses* des *Warschauer Paktes* in Bukarest 1966 wurde in der *Deklaration über die Festigung des Friedens und der Sicherheit in Europa* vom 5. Juli 1966 der Vorschlag unterbreitet, eine *Konferenz über Fragen der Europäischen Sicherheit* einzuberufen (vgl. Mayerhofer 2015: 40). Schon in den 1950er Jahren hatte die Sowjetunion „vergeblich ein gesamteuropäisches kollektives Sicherheitssystem angeregt – unter anderm, um die Westintegration der Bundesrepublik Deutschland zu verhindern" (Gehler 2015: 26). Der Einmarsch der *Sowjetunion* und des *Warschauer Pakts* in die damaligen „Bruderstaaten" Ungarn 1956 und Tschechoslowakei 1968 hatte diesen Prozess zunächst sistiert, im März 1969 beschoss der *Politische Beratende Ausschuss* des Warschauer Paktes jedoch die Einberufung einer „Gesamteuropäischen Konferenz" (Mayerhofer 2015: 40).

In den 1960er Jahren wurde zudem auf Initiative der Sowjetunion ein Dokument mit Frankreich ausgearbeitet mit dem Titel *Principles of Cooperation between the Soviet Union and France.* Ein Frankreich-Besuch von Staats- und Parteichef Leonid Breschnew im Jahr 1971 sollte Folgendes erreichen: „something very significant in order to ensure a dramatic turnaround regarding détente and peace in Europe" (Dubinin 2015: 19). Dazu kam, dass Frankreich unter Charles de Gaulle 1966 aus den integrierten militärischen Strukturen der *Nordatlantischen Verteidigungsorganisation* (NATO) ausgetreten war. Der damalige russische Diplomat Yuri Vladimirovich Dubinin (1930–2013) schilderte den Dialog zwischen der Sowjetunion und Frankreich wie folgt:

> „Don't forget, this was in Cold War era Europe! Neither the question of Berlin nor that of divided Germany had been resolved and two huge military groupings were facing each other along a disputed border. So what we proposed to the French was to work out principles of co-operation. We told them, ‚You're a member of NATO and we are part of the Warsaw Pact, so let's formulate guidelines for building relations between two States under such conditions.' We contemplated this as a long-term project intended not only to provide for a sound basis in our relations with France, but also, and first and foremost, to create a prototype for future decisions that might be taken by a pan-European conference" (Dubinin 2015: 18).

Frankreich befürwortete diesen Vorschlag (vgl. ebd.). Die Vorbereitungsarbeiten dazu wurden in Moskau eingeleitet und sollten vor dem Staatsbesuch Breschnews in Paris 1971 abgeschlossen sein. Der sowjetische Außenminister Andrej Gromyko spielte in der Ausarbeitung dieses Papiers eine wesentliche Rolle, der Dokumentenentwurf wurde vor der Paris-Reise Breschnjews von der sowjetischen Staatsführung bewilligt (vgl. ebd.). Ebenso war der französische Botschafter in Moskau, Roger Seydoux, in die Verhandlungsarbeiten sehr eng eingebunden, er unterhielt dazu direkte Verbindungen zum sowjetischen Außenministerium (vgl. ebd.). Übereinstimmung wurde in nahezu allen Punkten erzielt, die seitens der Sowjetunion angeregt wurden: „face-to-face negotiations turned out to be much more effective" (ebd.). Die Erarbeitung von *Prinzipien*, die für alle europäischen Staaten gelten sollten, stellte sich jedoch als größere Herausforderung heraus; die *Unverletzlichkeit der Grenzen* sollte im Vordergrund stehen (vgl. Dubinin 2015: 19). Weitere Prinzipien zur Verhandlung waren damals seitens der Moskauer Führung die *Nichteinmischung in innere Angelegenheiten*, *Gleichheit*, *Unabhängigkeit* und die *Nichtanwendung von Drohen und den Einsatz von Streitkräften* (vgl. ebd.). Aus französischer Sicht sollte das Prinzip der Unverletzlichkeit der Grenzen zunächst nicht als erster Punkt erwähnt werden, für die Sowjets war die Erstauflistung dieses Prinzips aber sehr wichtig. Übereinstimmung zwischen Paris und Moskau wurde schließlich erzielt (vgl. ebd.).

Im Mai 1969 erklärten sich die *NATO-Außenminister* in Washington „unter der Bedingung, dass auch alle Regierungen, die in Europa Verantwortung tragen, daran teilnehmen, bereit, mit den osteuropäischen Staaten Themen über Sicherheit in Europa zu verhandeln" (Mayerhofer 2015: 40). Um jedoch eine Konfrontation zwischen Ost und West zu vermindern, „bedurfte es noch zahlreicher Expertentreffen, die Diskussionen über die Frage von Streitschlichtung und von wirtschaftlicher und kultureller Zusammenarbeit zu führen hatten" (ebd.). Die *finnische Regierung* unterbreitete ebenso im Mai 1969 das Angebot, die Vorbereitungstreffen zu einer Konferenz in Helsinki abzuhalten, die im Juli 1973 stattfand. Gegen den Wunsch des Warschauer Paktes gelang es den westeuropäischen Ländern, auch über die Aufnahme von Bestimmungen über eine *humanitäre Zusammenarbeit* zu verhandeln. Die Sowjetunion hatte vor allem menschenrechtliche Fragen als Tagesordnungspunkte mit der Begründung abgelehnt, dass diese aus ihrer Sicht nur in den Kolonien westlicher Staaten eine Herausforderung darstellten. Jedoch wurden „gegen den Widerstand der UdSSR und trotz eines offenkundigen Desinteresses der USA […] diese Bestimmungen als Themen in die Konferenz aufgenommen, an welcher 35 Staaten, alle europäischen Staaten (außer Andorra und Albanien), die USA und Kanada, teilnahmen" (ebd.). Ebenso war das Sowjetregime „auch kein Befürworter der in der Schlussakte vereinbarten vertrauens- und sicherheitsbildenden Maßnahmen; sie wurde nicht müde, deren Freiwilligkeit – bis zur Verabschiedung eines Paketes verpflichtender vertrauens- und sicherheitsbildender Maßnahmen durch die Stockholmer Konferenz 1986 – zu betonen" (Zagorski 2010: 5). Folge dieser Verankerung von Menschenrechten war die Gründung von *Bürgerrechtsbewegun-*

gen in damaligen kommunistischen mittelosteuropäischen Staaten, wie jene in der *Deutschen Demokratischen Republik* (DDR) und der *Charta 77* in der *Tschechoslowakei*, die Jan Patocka und Václav Havel maßgeblich mitgestalteten (vgl. Kemp 2011: 29). Alle beriefen sich auf die *Schlussakte von Helsinki*. So ergab sich scheinbar als unmittelbares Ergebnis der Schlussakte von Helsinki „für die Dissidenten in Osteuropa eine reale Möglichkeit, Menschenrechtsverletzungen in den kommunistischen Staaten aufzuzeigen und vor einem internationalen Forum zur Sprache zu bringen" (Mayerhofer 2015: 42).

Sigrid Pöllinger vom *Universitätszentrum für Friedensforschung* in Wien schrieb dazu:

> „Indem sich die KSZE den Menschenrechten verpflichtete, entfesselte sie jene kreativen Kräfte, die dem Streben des Individuums nach einer besseren Welt innewohnen. Sie räumte damit dem Individuum eine Schlüsselposition ein, die zum Aufbau des geistigen und materiellen Wohlergehens Europas benötigt wurde" (ebd.).

Der österreichische Diplomat Martin Vukovich erklärte hierzu:

> „Als die Sowjetunion in den frühen 1970er Jahren ihr Projekt einer europäischen Sicherheitskonferenz gegen anfänglichen westlichen Widerstand durchsetzen konnte, wollte sie damit nicht nur den territorialen, sondern auch den politisch-ideologischen Status quo in Europa festschreiben. Dem Westen ist es aber in langwierigen Verhandlungen gelungen, als Antithese zur Sowjetposition die Achtung der Menschenrechte und Grundfreiheiten sowie das Recht der Völker auf eine freie Wahl ihres politischen Systems in der KSZE-Schlussakte (Helsinki 1975) zu verankern" (Vukovich 2014: 31).

Somit war der in allen KSZE-Staaten veröffentlichte Text der Schlussakte „für viele Menschen östlich des Eisernen Vorhangs eine Frohbotschaft, die man genau studierte und auf die man sich in der täglichen Auseinandersetzung mit dem kommunistischen Machtapparat berufen konnte" (ebd.). Es „bildeten sich in den meisten kommunistischen Staaten Osteuropas Gruppen von Menschenrechtsaktivisten, die sich trotz behördlicher Repression nicht einschüchtern ließen. Nach der historischen Wende des Jahres 1989 standen diese Menschen in einigen osteuropäischen Staaten an vorderster Front, als es galt, demokratische Strukturen auszubauen" (ebd.).

1978 erfolgte die Einrichtung einer *Helsinki Watch* in den USA, „wo im Exil lebende Dissidenten ihre Anschuldigungen bezüglich der in ihren Heimatländern erlittenen Unrechtshandlungen publik machen konnten" (Mayerhofer 2015: 42). 1988 vereinigte sich *Helsinki Watch* mit internationalen Organisationen ähnlicher Zielsetzung zu *Human Rights Watch*, diese Institution lehnt „aus Gründen der Unabhängigkeit finanzielle Hilfe von nationalen Regierungen kategorisch ab" (ebd.). Die US-Regierung hatte 1976 zudem die *Commission on Security and Cooperation in Europe* (die *Helsinki Commission*) nach dem Public Law 94-304 eingerichtet. Seit 1990 beobachtet die *Helsinki Commission* Verstöße betreffend Rede-, Presse- und Versammlungsfreiheit, den Umgang mit Personen, die einer ethnischen, sprachlichen und religiösen Minderheit (inklusive Roma) angehören, Menschenrechtsverletzungen und widmet sich ebenso der Folterprävention (vgl. Schlager 2003: 1). Zudem beobachtet diese Kommission den Übergang zu Demokratien im Hinblick auf Rechtsstaatlichkeit, die Durchführung von Wahlen und die Auswirkung von Korruption auf die humanitäre und andere Dimensionen (vgl. ebd.).

Nach dem Fall der Berliner Mauer (1989) wurden in der *Charta von Paris für ein Neues Europa* aus 1990 die Menschenrechte wie folgt verankert:

„We undertake to build, consolidate and strengthen democracy as the only system of government of our nations. […] Human rights and fundamental freedoms are the birthright of all human beings, are inalienable and are guranteed by law. Their protection and promotion is the first responsibility of government. Respect for them is an essential safeguard against an over-mighty State. Their observance and full exercise are the foundation of freedom, justice and peace" (Charter of Paris for a New Europe 1990, The Helsinki Commission 2003).

Anlässlich der dritten und letzten Phase der *Gründungskonferenz* (30. Juli bis 1. August 1975) in Helsinki fand am letzten Tag die Unterzeichnung der *KSZE-Schlussakte* statt: 35 Staaten, darunter Kanada, die USA und die Sowjetunion unterzeichneten die Schlussakte, ebenso der Staats- und Parteichef der DDR, Erich Honecker, und der Bundeskanzler der Bundesrepublik Deutschland, Helmut Schmidt, „unter den Auspizien" des damaligen US-Präsidenten Gerald Ford. Ford unterstrich während seiner Ansprache die historische Bedeutung der Schlussakte wie folgt:

„History will judge this Conference not by what we say here today, but by what we do tomorrow – not by the promises we make, but by the promises we keep" (OSCE 2013a).

Leonid Breschnew betonte, dass die verlängerten Verhandlungen über den Inhalt der Helsinki-Schlussakte in Genf „weder Sieger noch Besiegte, weder Gewinner noch Verlierer" („neither victors nor vanquished, neither winners nor losers") hervorgerufen habe: „Es war ein Sieg der Vernunft" („It has been a victory of reason") (ebd.). Breschnew weiter:

„Everyone has won: the countries of East and West, the peoples of socialist and capitalist States, whether parties to alliances or neutral, whether large or small. It has been a gain for all who cherish peace and security on our planet" (ebd.).

Deutschlands Bundeskanzler Helmut Schmidt meinte betreffend die deutsch-deutsche Grenze: „Frontiers are inviolable, but one must be able to change them by peaceful means and agreement" (ebd.). DDR-Staats- und Parteichef Erich Honecker entgegnete:

„The terrible wars which devastated our continent in this century were the result of policies which, nor matter under what pretext, started from the violation of existing frontiers, from disregard for the sovereignty and territorial integrity of other States" (ebd.).

Folgende 35 Staaten unterzeichneten die Schlussakte: Belgien, Bulgarien, Dänemark, die Deutsche Demokratische Republik, die Bundesrepublik Deutschland, Finnland, Frankreich, Griechenland, Großbritannien, der Heilige Stuhl, Irland, Island, Italien, Jugoslawien, Kanada, Liechtenstein, Luxemburg, Malta, Monaco, die Niederlande, Norwegen, Österreich, Polen, Portugal, Rumänien, San Marino, Schweden, die Schweiz, die Sowjetunion, Spanien, die Tschechoslowakei, die Türkei, Ungarn, die USA und Zypern (vgl. ebd.).

Gemäß der KSZE-Schlussakte von Helsinki stützt sich die OSZE auf *zehn Prinzipien* (*Dekalog – Principles Guiding Relations between participating States*):

- Souveräne Gleichheit, Achtung der der Souveränität innewohnenden Rechte;
- Enthaltung jeglicher Androhung oder Anwendung von Gewalt;
- Unverletzlichkeit der Grenzen;
- Territoriale Integrität der Staaten;
- Friedliche Regelung von Streitfällen;
- Nichteinmischung in innere Angelegenheiten;
- Achtung der Menschenrechte und Grundfreiheiten, einschließlich der Gedanken-, Gewissens-, Religions- oder Überzeugungsfreiheiten;
- Gleichberechtigung und Selbstbestimmungsrecht der Völker;
- Zusammenarbeit zwischen den Staaten:
- Erfüllung völkerrechtlicher Verpflichtungen nach Treu und Glauben.

Ebenso dienten die drei *Themenkörbe* „als Kompromiss" (Gehler 2015: 26):

- Kooperationen im Bereich *grundlegender sicherheitspolitischer Prinzipien und Verhaltensregeln* für den politisch-militärischen Bereich (*vertrauensbildende Maßnahmen*) als erster Korb;
- Kooperationen in den Bereichen *Wirtschaft*, *Wissenschaft* und *Technik* sowie *Umwelt* als zweiter Korb;
- Kooperationen der *humanitären Dimension* im Bereich Menschen- und Bürgerrechte, Kultur- und Informationsaustausch als dritter Korb (vgl. OSCE 2013a; Hauser 2004: 248).

Die *Schlussakte von Helsinki* ist *kein Vertrag*, sondern ein *politisch verbindliches Übereinkommen*, und sollte auf multilateraler Ebene „das ratifizieren, was Moskau auch auf bilateralem Weg, insbesondere mit den USA, Frankreich und der Bundesrepublik Deutschland zu konkretisieren, bestrebt war – den Status quo in Europa":

- den *territorialen Status quo*: den Grundsatz der Unverletzlichkeit der Grenzen, dem relevantesten Einzelziel der Sowjetunion in den 1970er-Jahren;

- den *politischen und gesellschaftlichen Status quo*: Erhaltung und Koexistenz der beiden Blöcke in Ost und West und somit der unterschiedlichen Grundsätze der gesellschaftlichen und politischen Ordnung (vgl. Zagorski 2010: 4).

Die damit zusammenhängende *Ordnung von Jalta*, die in der Zweiteilung Europas und vor allem von Deutschland zum Ausdruck gekommen war, sollte durch die KSZE-Schlussakte von 1975 „legitimiert und konkretisiert werden" (ebd.). Damals verglichen hochrangige sowjetische Diplomaten die KSZE sogar mit dem *Wiener Kongress von 1814/15* und betrachteten diese neue internationale Konferenzeinrichtung „weitgehend als Ersatz für den seit dem Ende des Zweiten Weltkrieges ausstehenden Friedensvertrag mit Deutschland" (ebd.). Das Politbüro des Zentralkomitees der Kommunistischen Partei der Sowjetunion gab den Resultaten der Helsinki-Konferenz am 1. August 1975 seine Zustimmung: demnach habe die KSZE „gemeinsam den Schlussstrich unter die Ergebnisse des Zeiten Weltkrieges gezogen" (ebd.). Der Staats- und Parteichef der Sowjetunion, Leonid Breschnjew, erklärte anlässlich seiner Rede in Helsinki am 31. Juli 1975:

> „Niemand darf auf der Grundlage irgendwelcher außenpolitischen Überlegungen versuchen, anderen Menschen vorzuschreiben, wie sie ihre innenpolitischen Angelegenheiten zu regeln haben. Nur das Volk eines jeden Staates besitzt das souveräne Recht, über seine eigenen innenpolitischen Angelegenheiten zu befinden und seine nationalen Gesetze zu erlassen" (Zagorski 2010: 5).

„Signing the Helsinki Final Act did not end the Cold War, but it was a revolutionary turn towards ending it, through openness and co-operation" (Zannier 2015: 16). Die teilnehmenden Staaten kamen überein, sich über militärische Aktivitäten wie Truppenbewegungen und Übungen zu informieren (vgl. ebd.). Am Gipfel von Helsinki und an der Unterzeichnung der Schlussakte nahmen NATO-Staaten, Staaten der Warschauer Vertragsorganisation, neutrale und bündnisfreie Staaten teil (vgl. ebd.). Das Ziel all dieser Länder: „to bridge the East-West divide, to move from mere ‚détente' to actual ‚rapprochement'" (ebd.). Bis 1990 folgten zunächst Überprüfungstreffen als „periodischer Folgeprozess" (Strohal 2015: 22) bzw. als ein „immer dichteres Konferenzgeflecht" (Vetschera 2000: 113) in Belgrad (1977–78), Madrid (1980–83) und in Wien (1986–90), darunter ebenso viele Expertentreffen. Dabei „wurde nicht nur Dialog aufrechterhalten, sondern vor allem ein detaillierter Katalog von sicherheitspolitischen, wirtschaftlichen und menschenrechtlichen Verpflichtungen verhandelt, welcher internationale Zusammenarbeit ebenso stärkte wie nationale Zivilgesellschaften (‚Helsinki-Komitees')", so Österreichs OSZE-Botschafter Christian Strohal (2015: 22).

3. Internationale Abrüstungsprozesse und die Wende von 1989

Das Jahr 1985 signalisierte den Beginn internationaler Abrüstungsprozesse: im Januar 1985 einigten sich die USA und die Sowjetunion auf den Beginn der *Nuclear and Space Arms Talks* mit den drei Untergruppen *Strategic Arms Reduction Talks/Treaty* (START), *Intermediate-Range Nuclear Forces* (INF) und *Defense and Space*. Die Gespräche begannen am 12. März 1985 in Genf (vgl. Hauser 2004: 320). Im Dezember 1987 erfolgte bereits die Unterzeichnung des INF-Vertrages zwischen der Sowjetunion und den USA über die Zerstörung von landgestützten Kurz- und Mittelstreckenraketen und Marschflugkörpern (500 bis 5.500 Kilometer Reichweite). Die Sowjetunion stimmte sogar Inspektionen vor Ort zu (*on-site-inspections*), die seitens der Führung in Moskau zuvor als *legalisierte Spionage* abgelehnt wurden. Diese umfassenden Inspektionen vor Ort sollten die Einhaltung des INF-Vertrages sicherstellen (vgl. ebd.). Während des nächsten Treffens zwischen Präsident Ronald Reagan (USA) und Staatschef Michail Gorbatschow (Sowjetunion) im Mai/Juni 1988 in Moskau trat der Vertrag am 1. Juni 1988 in Kraft. Zudem entwickelte die Sowjetunion damals das Programm der „etappenweisen Beseitigung der Kernwaffen bis zum Jahr 2000, das System der Umfassenden Sicherheit, die Umgestaltung der Beziehungen in der asiatisch-pazifischen Region, die vertrauensbildenden und Kontrollmaßnahmen im militärischen Bereich, den Abzug der Truppen und die Liquidierung von Militärstützpunkten auf fremden Territorien […]“ (Presseagentur Nowosti 1989: 53f.). Gemäß dem INF-Vertrag wurde seitens der Sowjetunion mit der Vernichtung der ersten Partie von Raketen auf dem sowjetischen Territorium im August 1988 begonnen:

> „Dieser Vertrag über die Liquidierung der Raketen mittlerer und kürzerer Reichweite leitete eine neue Etappe im Kampf der Menschheit für das Überleben ein und förderte die Lösung anderer Abrüstungsprobleme“ (Presseagentur Nowosti 1989: 54).

Die DDR-Führung kommentierte, „effektive Abrüstung sind Schutz und Schild des Lebens“ und forderte, „die nukleare Konfrontation abzubauen und zu normalen zwischenstaatlichen Beziehungen zu gelangen“, so hieß es aus Ost-Berlin: „Das Weltgewissen muss und wird die Weltentwicklung bestimmen“ (Panorama DDR 1986: 8).

Bereits 1967 wurde die politische Strategie der NATO in dem Bericht *Die zukünftigen Aufgaben der Allianz* – bekannt als *Harmel-Bericht* und somit benannt nach dem belgischen Außenminister Pierre Harmel – formuliert: *Verteidigung* und *Entspannung* mit dem Ziel *Abrüstung* und *Rüstungskontrolle*. Diese Grundlagen wurden Grundlagen der NATO-Politik: einer Politik, die in einer Reihe von Rüstungskontrollabkommen, so im *Vertrag über die Reduktion strategischer Waffen* oder im *Vertrag über konventionelle Streitkräfte in Europa* (VKSE) ihren Ausdruck fand (vgl. Hauser 2004: 180). Am 31. Juli 1991 unterzeichneten die Präsidenten George Bush (USA) und Michael Gorbatschow (Sowjetunion) in Moskau den *START I*-Vertrag über die Verringerung der Anzahl der strategischen Raketen mit einer Reichweite von mehr als 5.500 Kilometern, der Verringerung der Trägersysteme auf je 1.600 sowie der nuklearen Sprengköpfe nach den Zählregeln des Vertrags auf je 6.000. Der *START*-Vertrag trat 1994 in Kraft und sollte weitere 15 Jahre in Kraft bleiben (vgl. Hauser 2004: 321.)

„Die fundamentalen politischen Veränderungen, die im Herbst 1989 in Mittel- und Osteuropa stattgefunden haben, hatte wohl niemand vorausgesehen“, betonte der österreichische KSZE-Diplomat Martin Vukovich (2014: 30). Als Vukovich „im Februar 1989 nach dreijähriger diplomatischer Tätigkeit an der österreichischen Botschaft Moskau in das Wiener Außenministerium zurückgekehrt war, um Österreich bei der Konferenz über Sicherheit und Zusammenarbeit in Europa [...] zu vertreten, beschränkten sich die Hoffnungen auf einen Erfolg der Gorbatschow-Reformen in der Sowjetunion und deren Akzeptanz im gesamten damaligen Ostblock. Kommunistische Hardliner in Ostberlin, Prag, Sofia und Budapest widersetzten sich Gorbatschows ‚Neuem Denken‘ und pflegten enge Kontakte zu rückwärtsgewandten Kräften in Moskau. Plötzlich kam es aber ganz anders“ (ebd.).

Das *annus mirabilis* 1989 „hatte mit einer Öffnung des politischen Systems in Polen (Runder Tisch) und Ungarn begonnen. Schon bald zeigte sich aber, dass sich die Menschen im östlichen Teil Europas nicht mit einem reformierten Kommunismus mit humanitären Eigenschaften, wie ihn Gorbatschow propagierte, begnügen wollten, sondern einen freien Wettbewerb der politischen Ideen, ein effizientes Wirtschaftssystem und eine Öffnung ihrer Länder gegenüber dem Westen forderten“ (ebd.). 1989 öffnete Ungarn seine Westgrenze und ließ hunderte Bürger aus der DDR nach Österreich ausreisen. In der Folge organisierten sich friedliche Proteste in Leipzig, Dresden und anderen Städten der damaligen DDR (vgl. ebd.). Vukovich führte weiter aus:

> „Das große Wunder ereignete sich am Abend des 9. November 1989, als infolge einer Bemerkung, die ein Mitglied des SED-Politbüros bei einer Pressekonferenz fast nebenbei gemacht hatte, plötzlich der Grenzübertritt von Ost- nach Westberlin für jedermann freigegeben wurde. Die Öffnung der Berliner Mauer, dieses verhassten Symbols der Teilung Deutschlands und Europas, läutete das Ende des Ostblocks ein. Mit der bald darauf folgenden Samtenen Revolution in Prag und Pressburg, dem Regimewechsel in Sofia und dem gewaltsamen Sturz Ceauşescus in Rumänien war Ende Dezember 1989 die Befreiung Osteuropas von der kommunistischen Diktatur im Großen und Ganzen abgeschlossen“ (ebd.).

Der *Kalte Krieg* wurde noch am 3. Dezember 1989 zwischen George Bush und Michail Gorbatschow auf einem US-Kriegsschiff vor der Küste Maltas offiziell für beendet erklärt (vgl. Hauser 2000: 284). Zuvor, im Mai 1989, erfolgte seitens der NATO die Annahme des Beschlusses eines umfassenden Konzepts für Rüstungskontrolle und Abrüstung mit dem Titel *Comprehensive Concept of Arms Control and Disarmament*, dem richtungsweisenden Dokument für den Rüstungskontrollprozess (vgl. Hauser 2000: 285). Es folgte seitens der NATO und der Warschauer Vertragsorganisation 1990 die Unterzeichnung des *Vertrag über konventionelle Streitkräfte in Europa*, in diesem Kontext erschien im Februar 1990 seitens der NATO das Papier *Alliance Security beyond CFE*, verfasst vom damaligen Oberst Dr. Klaus Wittmann (vgl. ebd.). So wurde der *Osten* seither nicht mehr als *Block* betrachtet; auch nach der Verringerung der Truppenstärke in Mittel- und Osteuropa seitens der Sowjetunion wurde die Sowjetunion nicht mehr generell „als enorme Bedrohung für die NATO angesehen" (ebd.). Zukünftig stellte zwar die „übriggebliebene sowjetische Militärkapazität eine Bedrohung dar", jedoch verschob sich die Konzentration schon auf *nichttraditionelle* Bedrohungsfelder wie ethnische und Nationalitätenkonflikte, religiösen Fundamentalismus, Terrorismus und den destabilisierenden Einfluss stagnierender Volkswirtschaften (ebd.). Zudem betonte Wittmann, dass „verstärkt mobile und flexible Kampfeinheiten benötigt werden, die schnell in Krisengebiete entsendet werden können" (ebd.). Der erste Kampfeinsatz der NATO sollte bereits am 28. Februar 1994 auf dem Gebiet des ehemaligen Jugoslawiens erfolgen, als die NATO jene vier Kampfflugzeuge abschoss, die die Flugverbotszone über Bosnien-Herzegowina missachtet hatten (vgl. Rotta/Mozur 2010: 27).

Nach dem Fall des *Eisernen Vorhanges* in Mittel- und Osteuropa beschlossen die damaligen KSZE-Staaten auf Einladung Frankreichs im Jahr 1990 ein Gipfeltreffen, auf dem die Grundlagen für ein neues Europa kodifiziert werden sollten. Dadurch wurden jene Beschlüsse erarbeitet, die auf dem Gipfel als *Charta von Paris für ein Neues Europa* von den Teilnehmerstaaten angenommen wurden. Diese Charta war Symbol der Beendigung des Ost-West-Konfliktes und formulierte folgende Leitbegriffe für ein neues Europa: *Demokratie*, *Menschenrechte*, *Marktwirtschaft* sowie *wirtschaftliche und sicherheitspolitische Zusammenarbeit*. Gemäß der *Charta von Paris für ein Neues Europa* (19. bis 21. November 1990) kam es zu folgenden Neuerungen in der KSZE:

- Regelmäßige Beratungsgremien wie der *Ausschuss Hoher Beamter* (Vorläufer des heutigen Ständigen Rates) wurden geschaffen;
- Einrichtung eines *Sekretariats* in Prag und eines *Konfliktverhütungszentrums* in Wien;
- Gründung eines *Büros für freie Wahlen* (das spätere *Büro für demokratische Institutionen und Menschenrechte* (BDIMR)) in Warschau;
- Einrichtung einer *Parlamentarischen Versammlung*;
- Abhaltung von *Expertentreffen* zu den Themen demokratische Institutionen und nationale Minderheiten.

Die KSZE und deren Teilnehmerstaaten wurden dadurch besser in die Lage versetzt, den damaligen Reformstaaten in Mittel- und Osteuropa Hilfestellung während der Phase des demokratischen Übergangsprozesse – etwa durch Wahlbeobachtung und Konfliktverhütung – zur Verfügung zu stellen (vgl. Perrin de Brichambaut 2010: 7).

Fast zeitgleich zur Pariser Charta beendete die von den NATO-Mitgliedstaaten und der damaligen Warschauer Vertragsorganisation beschlossene *Gemeinsame Erklärung* der 22 Staaten vierzig Jahre europäische Blockteilung. Gemeinsames Ziel war es nun, die ideologische, gesellschafts- und machtpolitisch fundierte Systemkonkurrenz zu überwinden sowie in der Folge Konflikte friedlich zu lösen. In diesem Kontext wurde am 19. November 1990 der Vertrag über konventionelle Streitkräfte in Europa verabschiedet mit dem Ziel, ein militärisches Gleichgewicht zwischen den zwei Staatengruppen NATO und Warschauer Vertragsorganisation zu schaffen. Es ging dabei um die Vernichtung von insgesamt an die 60.000 Waffensystemen der Bereiche Kampfpanzer, gepanzerte Fahrzeuge, Artilleriegeschütze, Kampfflugzeuge und Kampfhubschrauber. Der VKSE trat am 9. November 1992 in Kraft, die Limits des Vertrages wurden offiziell am 16. November 1995 erreicht.

4. Der Übergang von der KSZE zur OSZE

Entwicklungsschritte von der KSZE zur OSZE waren die Sitzungen des Rates in Berlin (19. bis 20. Juni 1991), in Prag (30. bis 31. Januar 1992), in Stockholm (14. bis 15. Dezember 1992) und in Rom (30. November bis 1. Dezember 1993). In Paris vollzog sich 1990 jedoch der eigentliche Übergang von der KSZE zur OSZE. Das sichtbarste Zeichen war die Einrichtung eines regelmäßig tagenden *Rates der Außenminister*, der 1991 erstmals im Reichstagsgebäude in Berlin zusammengekommen war (vgl. Vetschera 2000: 117). In Helsinki (24. März bis 11. Juli 1992) erklärten die Teilnehmerstaaten die KSZE zur *regionalen Abmachung* im Sinne des Kapitel VIII der Charta der Vereinten Nationen. Zudem wurden die Einrichtung eines *Hohen Kommissars für nationale Minderheiten*, dessen Aufgabe in der Frühwarnung und gegebenenfalls in Frühmaßnahmen besteht, sowie die Schaffung des *KSZE-Forums für Sicherheitskooperation* (FSK) in Wien als erster ständiger Vertretungskörper im Rahmen der damaligen KSZE beschlossen (vgl. Vetschera 2000: 117f.). Beim Stockholmer Ratstreffen (14. bis 15. Dezember 1992) erfolgten weitere Schritte:

- die Einrichtung des Amtes des *Generalsekretärs*; er übernahm 1993 die Geschäfte des neu eingerichteten Sekretariats in Wien (vgl. Aichinger 2005: 223);
- regelmäßige Zusammenkünfte von Vertretern der Teilnehmerstaaten in Wien in den Zeiträumen zwischen den Sitzungen des *Ausschusses der Hohen Beamten* (AHB) sowie
- die Einrichtung einer einzigen *organisatorischen Struktur* für die Sekretariate in Prag und Wien unter der Leitung des Generalsekretärs (vgl. Vetschera 2000: 118).

Während des Ratstreffens in Rom (30. November bis 1. Dezember 1993) erfolgte der Beschluss zur

- Einrichtung eines ständigen Gremiums in Wien für politische Konsultationen und Beschlussfassung, *des Ständigen Ausschusses der KSZE*. Er löste de facto die *Wiener AHB-Gruppe* ab und fasst, wenn der AHB nicht tagt, Beschlüsse zu allen auf die KSZE Bezug habenden Fragen.
- Einrichtung eines *KSZE-Sekretariats* in Wien, wobei eine politische Abteilung und eine Verwaltungs- und Budgetabteilung geschaffen und das bisherige Sekretariat des Konfliktverhütungszentrums und die Konferenzdienste integriert wurden (vgl. Vetschera 2000: 119).

Die beiden Außenminister Klaus Kinkel (Deutschland) und Pieter Kooijmans (Niederlande) schlugen in ihrer Initiative vom 14. Mai 1994 vor, dass *Mechanismen der kollektiven Sicherheit in Europa* durch die Ankoppelung einer gestärkten KSZE an die VN funktionsfähig gemacht werden sollen. Sie plädierten für die formelle Annahme einer Subsidiaritätsregel unter dem Motto „KSZE zuerst!“ (Schneider 2000: 47). Im Fall von Spannungen im KSZE-Raum sollte demnach die KSZE zuerst um deren Regelung bemüht sein. Wenn die KSZE jedoch erfolglos sein sollte, sollte die KSZE den VN-Sicherheitsrat direkt mit einer Konfliktregelung befassen (vgl. ebd.). Die Anrufung des VN-Sicherheitsrates sollte auch ohne die Zustimmung der in Konflikten verwickelten Staaten möglich sein, folglich sollten die KSZE-Staaten dem VN-Sicherheitsrat auch Vorschläge zur Konfliktregelung unterbreiten können, unter Miteinschließung von Vorschlägen über die Betrauung der KSZE mit der Durchführung geeigneter Maßnahmen oder über die Ermächtigung der KSZE, entsprechende Schritte zu veranlassen (vgl. ebd.).

Die Sowjetunion hatte besonders unter Leonid Breschnew das Projekt eines *europäischen Systems kollektiver Sicherheit* propagiert. Im Vorfeld des Budapester Gipfels 1994 hatte Russland „diese Idee ‚unter veränderten Umständen‘ auf das Tapet gebracht“, Russland sah eine „Tendenz zur Ausbreitung und Festigung der Dominanz der NATO (z.B. auf Grund der positiven Resonanz auf die Initiative zur ‚Partnerschaft für den Frieden‘)“. Russland wollte die damalige KSZE „in eine mit Autorität versehene politische Struktur umgewandelt sehen, und verfocht die Entwicklung eines möglichst blockfreien Systems europäischer Sicherheit“, und zwar „unter der Ägide der KSZE“ (Schneider 2000: 85). Diesem System sollten auch engere Bündnisse wie die *NATO* oder auch die *Gemeinschaft Unabhängiger Staaten* (GUS) „eingegliedert oder womöglich unterstellt werden“ (ebd.).

Während des Budapester Gipfels im Dezember 1994 erfolgte die Einleitung der *Gründung der OSZE*. Im Willen zur Errichtung eines „blockfreien Systems europäischer Sicherheit“ stimmte der damalige Präsident Russlands, Boris Jelzin, damals sogar dem Abzug der 14. Armee aus Transnistrien zu (Munro 2010: 11). Die Errungenschaften des Gipfels von Budapest waren:

- Beschluss des *Verhaltenskodex zu politisch-militärischen Aspekten der Sicherheit*, der *locus classicus* für die demokratische Kontrolle von Streitkräften, ohne die es keine pluralistische Demokratie nach liberalen Grundsätzen und keine Rechtsstaatlichkeit geben kann;
- Einvernehmen über die Stärkung der Rolle des *Büros für demokratische Institutionen und Menschenrechte* im Bereich Wahlbeobachtung;
- Zustimmung zur Unterstützung der von Frankreich ausgehenden EU-Initiative für einen *Europäischen Stabilitätspakt* auf der Grundlage der OSZE-Prinzipien gutnachbarschaftlicher Beziehungen (und des Rahmenabkommens des *Europarates* für den Schutz nationaler Minderheiten);
- Beschluss über die *Gründung der OSZE* mit Wirkung vom 1. Januar 1995. Wichtige Treffen sollen seither nicht am Anfang, sondern am Ende des Vorsitzjahres stattfinden;

- Vereinbarung, in der OSZE, Erörterungen über ein *europäisches Sicherheitsmodell für das 21. Jahrhundert* aufzunehmen. Diese sollten nach fünf Jahre andauernden Diskussionen und einem Gipfeltreffen in Lissabon 1996 zur Unterzeichnung *der Europäischen Sicherheitscharta* und zu einem Übereinkommen über die Anpassung des *Vertrages über konventionelle Streitkräfte in Europa* auf dem Gipfeltreffen von Istanbul 1999 führen. Der neue Vertrag hatte zum Ziel, die Höchstzahlen von schwerem Kriegsgerät nach Ländern in *territorialen Obergrenzen* festzulegen, anstatt dem 1990 zwischen den Blöcken NATO und Warschauer Pakt festgelegten Gleichgewicht. Der adaptierte VKSE, der am 19. November 1999 von 30 Staaten unterzeichnet wurde, zielt auf die Verminderung des Bestandes von großem Kriegsgerät für die Jahre danach um 20 Prozent (vgl. Bischof 1999b: 4). Nach den adaptierten Obergrenzen darf Russland nur noch 6.350 Kampfpanzer unterhalten, im Vergleich zu 13.150 im ersten VKSE. Der damaligen Sowjetunion waren im alten VKSE insgesamt 20.725 Kampfpanzer zugestanden worden. Das wiedervereinigte Deutschland musste gemäß den damals neu festgesetzten Obergrenzen rund 1.500 schwere Waffensysteme außer Dienst stellen, darunter Kampfpanzer und Kampfflugzeuge (vgl. Brey 1999: 10). Der neue VKSE bietet Nicht-Signatarstaaten eine individuelle Möglichkeit beizutreten, d.h. auch Staaten wie Österreich und der Schweiz (vgl. ebd.). Der neue VKSE soll auch *Waffenkonzentrationen* und somit einen *Überraschungsangriff* unmöglich machen. Truppenverlegungen müssen 42 Tage im Voraus angemeldet werden. Zudem verpflichtete sich die NATO, keine substanziellen boden- oder luftgestützten Kampftruppen dauerhaft in den 1999 in die NATO aufgenommenen Staaten Ungarn, Polen und Tschechien zu stationieren.

In seinem Memorandum vom März 1996 unterbreitete Russland zahlreiche Vorschläge zur Stärkung der OSZE in Europa. Ein Vorschlag, der dann schließlich auf der Tagesordnung verblieb, zielte auf die Schaffung einer *Europäischen Sicherheitscharta* als eines *Richtungsdokuments* ähnlich der Schlussakte von Helsinki 1975 (vgl. Kunz 2010: 12). Vor allem baltische, skandinavische Staaten sowie einige zentraleuropäische Länder befürchteten, dass eine derartige Charta Russland zu mehr sicherheitspolitischen Einfluss in Europa verhelfen würde. Die USA und Großbritannien standen diesem Vorhaben ebenso sehr skeptisch gegenüber (vgl. ebd.). Frankreichs damaliger Staatspräsident, Jacques Chirac, konnte bei einem Treffen mit dem russischen Präsidenten Boris Jelzin im April 1996 der Idee einer *paneuropäischen Friedensordnung* auf Vertragsbasis mit der OSZE als Richtungsorganisation etwas Positives abgewinnen; auch äußerte sich Deutschland dazu positiv (vgl. ebd.). So wurde in Lissabon 1996 folgendes Statement in der gleichnamigen Erklärung festgehalten:

„Drawing on this work, remaining committed to the Helsinki Final Act and recalling the Charter of Paris, we will consider developing a Charter on European Security which can serve the needs of our peoples in the new century“ (Kunz 2010: 13).

Die Tradition von Budapest 1994 lebt in den Diskussionen des *Korfu-Prozesses* über die Zukunft der gesamteuropäischen Sicherheit weiter, die unter dem griechischen OSZE-Vorsitz im Jahr 2009 eingeleitet wurden (vgl. Munro 2010: 11). In Budapest wurde zudem der KSZE-Rat zum *Ministerrat*, der Ausschuss der Hohen Beamten zum *Hohen Rat* und der Ständige Ausschuss zum *Ständigen Rat* umbenannt; letzterer besteht aus den Ständigen Vertretern aller Teilnehmerstaaten. Damit wurde gleichzeitig die Funktion des Hohen Rates für die Beschlussfassung der OSZE weitgehend irrelevant (vgl. Vetschera 2000: 119).

5. Das *Wiener Dokument*

Das erste Wiener Dokument aus dem Jahr 1990 baute auf *vertrauens- und sicherheitsbildenden Maßnahmen* auf der Grundlage der Schlussakte von Helsinki 1975 und des Stockholmer Gipfels von 1986 auf (vgl. Richter 2010: 16). Es bewirkte die *Institutionalisierung eines jährlichen Informationsaustausches* über die Struktur der Streitkräfte, Hauptwaffensysteme und Großgerät einschließlich deren Verifikation, zudem ein Netzwerk militärischer Kontakte, ein Kommunikationssystem, ein jährliches Treffen zur Beurteilung der Durchführung und einen Mechanismus zur Verminderung der Risiken und zur Deeskalation im Fall ungewöhnlicher militärischer Aktivitäten und von Zwischenfällen. *Helsinki 1975* enthielt bereits eine Klausel mit dem Erfordernis der frühen Notifizierung von Militärübungen, in die 25.000 oder mehr Soldaten und Militärpersonal involviert sind, diese beinhaltete ebenso eine optionale Beobachtungsklausel (vgl. ebd.). Auf der *Stockholmer Konferenz über sicherheits- und vertrauensbildende Maßnahmen* 1986 wurden weitere Maßnahmen vereinbart, die noch heute den Kern der Frühwarnungsfunktion des Wiener Dokuments bilden:

> „prior notification and observation of military exercises and unusual military activities, annual calendars and constraining provisions, strengthened by verification measures" (ebd.).

Die durch dieses Dokument geschaffene *Kultur der Offenheit, des gegenseitigen Vertrauens und der Zusammenarbeit* erfüllte kurz- und langfristige Zwecke: Transparenz in Bezug auf Streitkräftestruktur, Hauptwaffensysteme und Großgerät, die Einführung neuer Ausrüstung sowie die Verteidigungsplanung. Nach dem *Wiener Dokument aus 1990* folgten jene aus 1992, 1994, 1999 und 2011 (vgl. Pacer 2010). Die Transparenz, die diese Dokumente im Bereich Streitkräftestrukturen, Hauptwaffensystemen, Einführung neuer Ausrüstung, Verteidigungsplanung etc. enthalten, machen erst eine langfristige Vorausschau betreffend die Entwicklung militärischer Fähigkeiten in Europa möglich (vgl. Richter 2010: 17).

In den 1990er Jahren waren der VKSE und das Wiener Dokument „Anker der Stabilität" und Vorbild für die Stabilisierungsübereinkommen zu Artikel II und IV des Friedensübereinkommens von Dayton für Bosnien-Herzegowina (ebd.). Das Wiener Dokument ist jedoch rechtlich nicht verbindlich; es wurde dreimal zwischen 1990 und 1999 erneuert. (vgl. ebd.) Im *Wiener Dokument von 1992* wurden niedrigere Schwellen für die Beobachtung militärischer Übungen festgelegt, ferner wurden präzisere Verifikationsbestimmungen aufgenommen. Im *Wiener Dokument von 1994* kamen nach dem Zusammenbruch von Jugoslawien zusätzliche Parameter für die vorherige Ankündigung und die Beobachtung hinzu. Das *Wiener Dokument aus 1999* beinhaltete noch ein weiteres Kapitel über Verteidigungsplanung im

Hinblick auf langfristigere Vorhersehbarkeit von militärischen Entwicklungen (vgl. ebd.).

Das Wiener Dokument – es gilt für die Territorien, die jeweilige dazugehörende See und den Luftraum der OSZE-Teilnehmerstaaten einschließlich Russlands von den westlichen Grenzen bis zum Ural – trifft eine Vielzahl an technischen Festlegungen im Bereich der *Vertrauens- und Sicherheitsbildenden Maßnahmen* (VSBM) (vgl. U.S. Department of State 2012). Zu den VSBMs zählen u.a. Informationsaustausch, Vor-Ort-Inspektionen, Evaluierungsbesuche, sowie Beobachtungsbesuche (vgl. ebd.). Zentrale Maßnahmen im Bereich der VSBM sind etwa in der *Vorherigen Ankündigung bestimmter militärischer Aktivitäten* zu sehen sowie in der *Beobachtung militärischer Aktivitäten*. Unter dem Aspekt *Politisch-Militärische Dimension* werden innerhalb der VSBM die Abrüstung, die Rüstungskontrolle bzw. der *Vertrag über konventionelle Streitkräfte in Europa* betont. Seitens der OSZE sind Überprüfungen der Einhaltung der VSBM-Regelungen vorgesehen, wobei das *Forum für Sicherheitskooperation* und das *Wiener Konfliktverhütungszentrum* darin eingebunden sind (vgl. Hauser 2004: 252).

Das *Wiener Dokument von 1999* sollte im Kapitel *Regionale Maßnahmen* subregionalen Konflikten Rechnung tragen, das Kapitel *Verteidigungsplanung* soll die Berechenbarkeit militärischer Entwicklungen auf längere Sicht verbessern. Ein Teilnehmerstaat, der plant, die Struktur der Streitkräfte für eine Zeitspanne von mehr als 21 Tage zu verändern – wie z.B. eine Erhöhung der Kampfkräfte – muss diesen Schritt anderen Teilnehmerstaaten mitteilen. Zudem teilen die OSZE-Staaten einander Informationen über ihre Waffensysteme und die Einführung neuer Systeme den anderen Teilnehmerstaaten mit (vgl. Pacer 2010). Unter Artikel II des Wiener Abkommens von 1999 findet ein Informationsaustausch betreffend Verteidigungsplanung zwischen den OSZE-Staaten statt, zudem sind Informationen über die Strukturen der Streitkräfte vorgesehen (vgl. ebd.). Das Wiener Dokument von 1999 legt auch fest, dass Staaten einander über „bestimmte militärische Aktivitäten“ in folgenden Fällen informieren: wenn mindestens 9.000 Soldaten, inklusive Unterstützungstruppen, im Einsatz sein werden, ebenso bei mindestens 250 Kampfpanzern oder mindestens 500 bewaffneten Kampffahrzeugen, wie diese in Annex III Paragraph 2 definiert sind, oder im Fall des Einsatzes von mindestens 250 Artilleriestücken („self-propelled and towed artillery pieces“), Mörsern und Mehrfachraketenwerfern (100 mm-Kaliber und darüber) (ebd.).

Insgesamt sind pro Jahr maximal drei Inspektionen pro Teilnehmerstaat vorgesehen, nur auf Wunsch eines Teilnehmerstaates kann die Anzahl der Inspektionen ausgedehnt werden (vgl. ebd.). Zudem existieren sogenannte Evaluierungsbesuche, um die seitens des Informationsaustausches betreffenden Daten zu überprüfen (vgl. ebd.). Zwischen mindestens einem und maximal 15 derartiger Evaluierungsbesuche sind vorgesehen. Artikel IX sieht einmal pro Jahr das jährliche Implementierungs- und Auswertungstreffen vor mit der Gelegenheit der Teilnehmerstaaten, Fragen betreffend den umfassenden Informationsaustausch zu stellen und über VSBM zu diskutieren. Ein derartiges Treffen wird vom *Forum für Sicherheitskooperation* organisiert. Falls ein Staat noch keine Übermittlung von Informationen in Hinblick auf dieses jährliche Treffen angeboten hat, welches nicht später als an einem 15. Dezember stattfinden soll, wird seitens der OSZE eine Erklärung des Teilnehmerstaates über die Nichteinbringung erwartet (vgl. ebd.). Im Durchschnitt unternehmen Teilnehmerstaaten pro Jahr 90 Inspektionen und 45 Evaluierungsbesuche (vgl. OSCE 2012).

Im *Wiener Dokument von 2011* ist ebenso der jährliche Austausch von militärischen Informationen vorgesehen (betreffend Kommandoorganisation, Lokation, Personalstärke, konventionelle Waffen- und Ausrüstungssysteme), Verteidigungsplanung bzw. Streitkräfteplanung, Budgets, Beschaffung, Verringerung von Risiken (Konsultations- und Kooperationsmechanismen betreffend ungewöhnliche militärische Aktivitäten), Einladungen an Teilnehmerstaaten für den Besuch von Luftwaffenbasen und Vorstellungen neuer Hauptwaffensysteme und Ausrüstung sowie gemeinsame Ausbildung und akademischer Austausch, Notifikation gewisser militärischer Aktivitäten sowie in diesem Kontext 42 Tage Vorausinformation ähnlich wie beim Wiener Dokument von 1999 im Fall der Aktivierung von mehr als 9.000 Soldaten, 250 Kampfpanzern, 500 bewaffneten Kampffahrzeugen oder 250 Artilleriestücken. Die Beobachtung von gewissen militärischen Aktivitäten sowie die Einladung aller Teilnehmerstaaten hat demnach zu erfolgen im Fall von: Aktivierung von mehr als 13.000 Soldaten, 300 Panzern, 500 Kampffahrzeugen oder 250 Artilleriestücken (vgl. U.S. Departement of State 2012). Demnach sind auch drei Inspektionen pro Jahr für Staaten vorgesehen, die maximale Inspektionszeit beträgt 48 Stunden.

6. Die OSZE entwickelt umfassende Kapazitäten

Während bis zur *Charta von Paris für ein Neues Europa* die jeweiligen Konferenzen und Treffen im KSZE-Rahmen ihr Mandat von einem der Folgetreffen erhalten hatten, wurden nunmehr regelmäßig wiederkehrende Folgetreffen, regelmäßig zusammentreffende Gremien und ständige Institutionen des KSZE-Prozesses geschaffen. Die *Charta von Paris* sprach sich auch für eine stärkere Einbeziehung der Parlamentsarbeit in die KSZE aus, insbesondere durch die Schaffung einer *Parlamentarischen Versammlung der KSZE* unter der Beteiligung von Parlamentsmitgliedern aus allen Teilnehmerstaaten. Die weiteren Entwicklungsschritte von der KSZE zur OSZE als *Rahmeninstitution der europäischen Sicherheit* wurden auf den Sitzungen des Rates in Berlin (19. bis 20. Juni 1991), Prag (30. bis 31. Januar 1991), Stockholm (14. bis 15. Dezember 1992) und Rom (1. Dezember 1993) sowie auf den Nachfolgetreffen in Helsinki 1992 und Budapest 1994 gesetzt. Die nachfolgenden Sitzungen der Ministerräte und Gipfeltreffen haben keine weiteren derart einschneidenden Änderungen gebracht. Wollte man einen Zeitpunkt festlegen, in welchem inhaltlich der Übergang von einer eher losen *Institution* zu einer *Organisation* im eigentlichen – wenngleich nicht rechtlichen Sinn – erfolgte, so wäre der Zeitraum im Jahr 1992 zwischen dem Helsinki-Treffen im Juni und dem Stockholmer Ratstreffen im Dezember anzusetzen. Zunächst schufen die Beschlüsse von Helsinki das wöchentlich in Wien tagende *Forum für Sicherheitskooperation* und damit den ersten wirklich ständigen Vertretungskörper der KSZE-Teilnehmerstaaten. Das FSK bildet einen der beiden regulären Hauptentscheidungsgremien. Treffen im FSK finden in Wien wöchentlich statt. Die Vorsitzführung dauert vier Monate, die *OSZE-Troika* gebildet aus dem letzten, den gegenwärtigen und den künftigen Vorsitzstaat garantiert die Kontinuität des Forums und die Entscheidungsfindung findet einstimmig statt. Die Aufgaben des FSK beinhalten:

- reguläre Konsultationen und enge Kooperation betreffend militärische Sicherheit;
- Verhandlungen über vertrauens- und sicherheitsbildende Maßnahmen;
- Verringerung von Konfliktrisiken und;
- Implementierung beschlossener Maßnahmen (vgl. OSCE 2012: 1).

Am 3. Dezember 1994 wurde in Budapest seitens des *Forums für Sicherheitskooperation* der *Verhaltenskodex zu politisch-militärischen Aspekten der Sicherheit* (Code of Conduct on Politico-Military Aspects of Security) angenommen, in dem relevante sicherheitspolitische Verhaltensregeln zwischenstaatlicher Natur bekräftigt und erstmals eine detaillierte Regelung der demokratischen Kontrolle der Streitkräfte und der Polizei, von paramilitärischen und nachrichtendienstlichen Kräften, festgeschrieben ist:

„They are also obliged to ensure that their armed forces remain politically neutral and to guarantee that the human rights of security forces personel are respected“ (OSCE 2012: 3).

Zudem werden die Teilnehmerstaaten aufgerufen, alle Rüstungskontrollvereinbarungen gesetzlich zu verankern. Teilnehmerstaaten sollen nur über jene Streitkräfte verfügen, die diese benötigen, um die individuelle und kollektive Selbstverteidigung umzusetzen (vgl. ebd.). Jährlich erstellen die Teilnehmerstaaten über die Maßnahmen und nationalen Praktiken zur Einhaltung des Verhaltenskodex Berichte, die auf der OSZE-Website veröffentlicht werden (vgl. ebd.).

Seit Anfang 2011 bietet die *FSK Support Section* im Konfliktverhütungszentrum des OSZE-Sekretariats auch Unterstützung bei der Erstellung von nationalen Aktionsplänen und der Entwicklung von nationaler Gesetzgebung für die Implementierung der VN-Sicherheitsratsresolution 1540 betreffend die *Nichtverbreitung von Massenvernichtungswaffen* an (vgl. ebd.). Die *FSK Support Section* unterhält das *OSZE-Kommunikationsnetzwerk*, das 1990 etabliert wurde, und hält somit auch den Prozess über militärische Informationen als Ergänzung (supplement) zu den diplomatischen Kanälen im FSK aufrecht. Diese *Section* organisiert Workshops und Ausbildungskurse betreffend die Implementierung des *Wiener Dokuments*, den *OSZE-Verhaltenskodex* oder das *Dokument über Klein- und Leichtwaffen*, den *Treaty on Open Skies*, den *Daytoner Vertrag*, zudem arbeitet die *Section* eng mit den *Feldmissionen* zusammen bei der Entwicklung und Organisation praktischer Unterstützungsprojekte im Bereich Klein- und Leichtwaffen und konventioneller Munition (vgl. OSCE 2012: 4).

Seit 2000 gilt für den FSK die Eindämmung von illegalen Klein- und Leichtwaffen als eines der Hauptthemen. Das *Document on Small Arms and Light Weapons* (SALW) aus dem Jahr 2000 beinhaltet Normen, Prinzipien und Mittel im Hinblick auf die Produktion, den Transfer, die Lagerung, die Sammlung und die Zerstörung von Klein- und Leichtwaffen (vgl. OSCE 2012: 2). Das Dokument legt auch den verpflichtenden Informationsaustausch zwischen den Teilnehmerstaaten betreffend ihre jährlichen In- und Exporte und auch über die Anzahl jener Klein- und Leichtwaffen, die seitens der OSZE-Staaten zerstört wurden, dar (vgl. ebd.). Zudem führt das *OSCE Document on Stockpiles of Conventional Ammunition* aus dem Jahr 2003 die Kriterien für die Identifizierung von überflüssiger Lagerung von konventioneller Munition, explosivem Material oder detonierenden Geräten an, und verankert in diesen Bereichen die Staatenverantwortlichkeit (vgl. ebd.).

Allein zwischen 2003 und 2010 hatte die OSZE mehr als 30 Hilfeersuchen von mehr als einem Dutzend der Teilnehmerstaaten bekommen. Die OSZE benutzte ihre technische und organisatorische Expertise in diesem Bereich und auch jene von den Teilnehmerstaaten freiwillig bereitgestellten Finanzmittel, um derartige komplexe und Hochrisikoprojekte durchführen zu können, wie die Zerstörung von *Man-Portable Air Defence Systems* (MAN-

PADs) auf Zypern (vgl. OSCE 2012: 3). Somit wurde verhindert, dass diese Waffensysteme kriminellen oder terroristischen Gruppen in die Hände fallen. Ein MANPAD kann den Abschuss eines Zivilflugzeuges im Umkreis von vier Kilometern ermöglichen. Vereinzelt wurden und werden seitens der OSZE umfassende Kooperationen mit Staaten im Bereich der *Bekämpfung von Extremismus*, *Terrorismus* und in diesem Kontext auch im Bereich *Polizeireform* durchgeführt: So baute *Tadschikistan* 2010/2011 seine Kooperation mit der OSZE im Bereich Bekämpfung von Extremismus und Radikalisierung aus, der/die zu Terrorismus führen kann sowie in der Bekämpfung des Drogenhandels und Menschenschmuggels. Am 8. April 2011 unterzeichneten das *OSZE Büro in Tadjikistan* und die Regierung in Duschanbe zudem ein *Memorandum of Understanding* (MoU) im Bereich Polizeireform. In Tadschikistan wurden unter der Organisation der OSZE 26.000 Stück Klein- und Leichtwaffen und mehr als 30 Tonnen überschüssiger Munition zerstört (vgl. OSCE 2013b). Zudem half die OSZE Tadschikistan beim Aufbau lokaler Expertise im Bereich Sicherheitsmaßnahmen und baute neue Lagerstätten, um das Explosionsrisiko und den unautorisierten Zugang zu reduzieren.

Vom 19. bis 21. Februar 2013 wurde ein dreitägiger Regionalworkshop in Duschanbe zum Thema *National Mine Action Standards* durchgeführt. Insgesamt nahmen an diesem Regionalworkshop Experten aus dreizehn Organisationen, die im Bereich Entminung in Afghanistan und Tadschikistan tätig sind, teil. Themen waren die fachgerechte Entminung, Risikoausbildung sowie Qualitäts- und Informationsmanagement. Der Workshop war Teil des persisch-sprachigen Outreach-Programms, das vom *Geneva International Centre for Humanitarian De-mining* unterstützt wurde und seitens der lokalen Partnerschaftsunterstützung des *OSCE Office* und des *Tajikistan Mine Action Centre* des *VN-Entwicklungsprogramms* (UNDP) organisiert wurde. Seit 2009 unterstützt die OSZE die Entwicklung kooperativer Mechanismen auf technischer Stufe zwischen Staaten in Zentralasien und Afghanistan in diesem Bereich (vgl. ebd.). Auf dem Kulma-Pass zwischen China und Tadschikistan unterstützten die OSZE und die Regierung Japans auf Ersuchen der Regierung in Duschanbe den Aufbau eines modernen Zollterminals auf 4.365 Metern (vgl. Oberle 2011: 12).

In Weißrussland half die OSZE gemeinsam mit dem UNDP mit, das Proliferationsrisiko von Klein- und Leichtwaffen zu reduzieren, in dem die Sicherheit an 16 Lagerstätten verbessert wurde (vgl. OSCE 2012: 3). In der *Ukraine* begann die OSZE im Jahr 2008 ein Projekt mit dem Ziel, 16.000 Tonnen der giftigen Raketentreibstoffkomponente *Mélange* zu zerstören, die eine Bedrohung für die Umwelt und den Menschen selbst darstellt (vgl. ebd.):

„The mélange, which had been stored in deteriorating vats, could have filled four Olympic-sized swimming pools – while a leak of just one large bathtub's worth would kill anyone within 200 metres" (vgl. ebd.).

7. Die Stärkung der Kooperationen zwischen internationalen Organisationen

In Helsinki wurde 1992 auch der Beschluss gefasst, ein *Sicherheitsmodell für Europa im 21. Jahrhundert* zu entwickeln. Die gleichzeitige Errichtung eines ständigen – und nicht mehr bloß konferenzbezogenen – *Konferenzdienstes* schuf dafür auch die erforderliche administrative Infrastruktur. Die Praxis der Staaten, ihre Delegationen in Wien mit den Vorarbeiten für die Sitzungen des AHB in Prag zu beauftragen, wurde mit der Bezeichnung *Wiener Gruppe* als inoffizielle, aber bereits formalisierte Einrichtung durch das Stockholmer Ratstreffen anerkannt. Gleichzeitig schufen die Beschlüsse des Stockholmer Ratstreffens auch den Posten des *Generalsekretärs* als zentrale Einrichtung für die administrativen und operativen Einrichtungen der damaligen KSZE. Die folgenden Beschlüsse des Ratstreffen von Rom, die bereits existierende *Wiener Gruppe* als *Ständigen Ausschuss* zu einem beschlussfähigen Organ zu machen, sowie den Generalsekretär nicht am bisherigen Sitz des Sekretariats in Prag, sondern in Wien anzusiedeln und ihm ein vereinheitlichtes Sekretariat zu unterstellen, waren die Konsequenz der 1992 getroffenen Entscheidungen.

1992 hat die VN-Generalversammlung die KSZE als *regionale kooperative Einrichtung der Charta der Vereinten Nationen nach Kapitel VIII* anerkannt. Diese *regionale Abmachung* (regional arrangement) zeichnet sich durch die Absenz von Zwangsbefugnissen wie -mitteln aus. Bei der OSZE handelt es sich deshalb um *kein* regionales Verteidigungsbündnis mit Beistandsartikeln. 1993 erhielt die OSZE *Beobachterstatus bei der VN-Generalversammlung* (vgl. Hauser 2004: 251). Der damalige VN-Generalsekretär Boutros Boutros-Ghali betonte während seiner Rede in der VN-Generalversammlung am 18. Dezember 1992 die Notwendigkeit, Organisationen der regionalen Abmachung aufzuwerten:

„Regional action […] could not only lighten the burden of the (UN Security) Council but also contribute to a deeper sense of participation, consensus and democratization in international affairs“ (van Langenhove 2014: 19).

VN-Generalsekretäre werden seit den 1990er Jahren verstärkt zu *High-Level Meetings* anderer regionaler Organisationen, so auch zur OSZE, eingeladen. Zudem hatte der VN-Sicherheitsrat 2005 die Resolution 1631 angenommen, in der die Kooperationen zwischen der VN und regionalen Organisationen im Hinblick auf internationale Friedenssicherung und Konfliktlösung betont wird.

Anlässlich des Ratstreffens von Lissabon 1996 kam es nach einem zweijährigen Diskussionsprozess zur Verabschiedung einer *Zwölf-Punkte-Erklärung* über ein *Modell der gemeinsamen und umfassenden Sicherheit für Eu-*

ropa für das 21. Jahrhundert. Diese Erklärung sollte ausgebaut werden und in eine *Charta über Europäische Sicherheit* münden – die *Europäische Sicherheitscharta* als Folgedokument zur Charta von Paris 1990 wurde schließlich im November 1999 beim OSZE-Gipfel von Istanbul verabschiedet. Das Ratstreffen von Kopenhagen im Dezember 1997 beschloss folgende Punkte:

- Die Verschränkung der OSZE mit anderen für die europäische Sicherheit bedeutenden Organisationen wie EU und NATO sowie auch mit der bis Mitte 2011 existierenden Westeuropäischen Union (*interlocking institutions*). Der Rat fasste somit einen Grundsatzbeschluss, der in die Leitlinien für ein OSZE-Charta-Dokument über die europäische Sicherheit einging (*Gemeinsames Konzept für die Entwicklung der Zusammenarbeit zwischen einander verstärkenden Institutionen* vom 19. Dezember 1997) (vgl. Vetschera 2000: 137).
- Die Minister stellten in diesem Zusammenhang fest, dass die Sicherheit im OSZE-Gebiet die *Kooperation und Koordination zwischen den Teilnehmerstaaten und einschlägigen Organisationen sowie Institutionen* erfordert, denen auch sie angehören. Sie bekräftigten ihren Willen, die „nicht hierarchische, gegenseitig verstärkende Art der Beziehungen zwischen diesen Organisationen und Institutionen zu vertiefen, um einer Grundlage für gemeinsame, umfassende und unteilbare Sicherheit im OSZE-Gebiet den Weg zu ebnen“ (ebd.).
- Als erste *praktische Schritte* wurden folgende Maßnahmen beschlossen: a) regelmäßige Kontakte, erhöhte Transparenz und praktische Zusammenarbeit, darunter auch Benennung von Verbindungsoffizieren oder Kontaktstellen, gegenseitige Vertretung bei entsprechenden Treffen und sonstige Kontakte, die geeignet sind, die Instrumente jeder Organisation zur Konfliktverhütung besser kennenzulernen; b) Zusammenarbeit bei der Reaktion auf konkrete Krisen; c) dabei sollen Doppelgleisigkeiten vermieden und der nationale Einsatz der verfügbaren Ressourcen gewährleistet werden. Die OSZE kann nach Bedarf ihre Dienste als flexibler Rahmen für die Zusammenarbeit der unterschiedlichen, sich einander verstärkenden Bemühungen anbieten (vgl. ebd.).
- Die Teilnehmerstaaten setzen sich dafür ein, dass diese Organisationen und Institutionen an der *Plattform für kooperative Sicherheit* mitwirken sowie alle Mitgliedstaaten dieser Organisationen und Institutionen auch Teilnehmerstaaten der OSZE sind (vgl. ebd.).

Die *Kooperation mit der EU* erweist sich für die OSZE als äußerst relevant:

> „Both the EU and the OSCE are in the business of soft power, using economic, diplomatic, and other non-military instruments to achieve political objectives“ (van Ham 2005: 161).

Zudem stellt die EU den Großteil der Finanzierung für die OSZE in allen drei Dimensionen der Sicherheit (politisch-militärisch, wirtschaftlich und menschlich/menschenrechtlich) zur Verfügung (vgl. ebd.). Aus den EU-Mitgliedstaaten stammt ein großer Anteil des Personals für *OSZE-Feldoperationen*, die EU finanziert einen Großteil des *OSCE Office for Democratic Institutions and Human Rights* (ODIHR) und einige ODIHR-Programme in Zentralasien. In der Folge ist gerade auch bei Feldoperationen im Westbalkan und im Südkaukasus die Zusammenarbeit zwischen der EU und der OSZE sehr eng (vgl. ebd.). Die OSZE-Aktivitäten in den postsowjetischen Staaten Zentralasiens geben gerade dieser Organisation eine spezifische Sicherheitsnische (vgl. ebd.). Ähnlich wie der Dialog zwischen der NATO und der OSZE unterhält die EU mit der OSZE *institutionalisierte politische Kontakte* auf Ebene der Minister und Botschafter.

Der erste formelle Austausch zwischen EU und OSZE auf Arbeitsgruppenebene fand 2003 statt. Die OSZE war aktiv eingebunden bei der Implementierung des *Abkommens von Brioni* vom Juli 1991 sowie auch in den *Beobachtungsmissionen* (Monitoring Missions) der EU im Westbalkan. Zudem arbeiteten EU und OSZE bei der Implementierung von VN-Sanktionen gegen die Bundesrepublik Jugoslawien und die Republika Srpska zusammen (vgl. van Ham 2005: 162). Während der Sezessionskriege in Jugoslawien bildeten Deutschland, Frankreich, Großbritannien, Italien, Russland und die USA die formelle *Kontaktgruppe* für eine friedliche Lösung des Konfliktes (vgl. Richter 2010: 17). In Albanien initiierten beide Organisationen die *Friends of Albania Group* im September 1998, die zum Ziel hatte, Albanien bei der Erreichung seiner Entwicklungsanstrengungen zu unterstützen. In Moldawien arbeiten beide Organisationen über das *EU TACIS-Programm* zusammen; zudem erfolgte eine Kooperation bei der Implementierung des *Ohrid-Übereinkommens* aus dem Jahr 2001 in Hinblick auf die Stabilisierung Mazedoniens, ebenso bei der *OSCE Spillover Monitoring Mission* in Skopje (vgl. ebd.). Fast die Hälfte der OSZE-Teilnehmerstaaten (57) sind EU-Mitgliedstaaten (28). Gerade in Hinblick auf die *Ukraine-Krise* könnte die EU als Brücke zwischen den USA und Russland innerhalb der OSZE agieren, vor allem im Hinblick auf die *Europäische Nachbarschaftspolitik*. Der damalige EU-Kommissar Chris Patten meinte im Juli 2004:

> „EU enlargement inevitably means that we need to develop a very close and cooperative relationship to make the best of what the EU and regional organizations like the OSCE can bring to security and cooperation in Europe" (van Ham 2005: 163).

Die *Kooperation mit der NATO* hatte die OSZE ebenso ausgebaut. Obwohl beide Organisationen unterschiedliche strategische Kulturen und Fähigkeiten besitzen, haben sie im Bereich kooperative Sicherheit konkurriert: Mit der Auflösung der Sowjetunion 1991 hatte die NATO zunächst ein neues *outreach programme* aufgebaut, um die postkommunistischen Länder und auch Nachfolgestaaten der Sowjetunion in ein gesamteuropäisches Sicherheitssystem unter dem institutionellen Schirm *Nordatlantischer Kooperationsrat* (NACC) und ab 1997 in den *Euro-Atlantischen Partnerschaftsrat*

(EAPC) unter der 1994 ins Leben gerufenen *Partnerschaft für den Frieden* (PfP) einzugliedern (vgl. van Ham 2005: 164). Die Mittel bei der geplanten Zielerreichung von PfP und OSZE erwiesen sich jedoch als unterschiedlich: Während die PfP zum Ziel hat, die politischen und militärischen Beziehungen mit Staaten Ost- und Südosteuropas, des Südkaukasus und Zentralasiens zu vertiefen, in dem auch gemeinsame Interoperabilitätsstandards für militärische Übungen und gemeinsame Friedenseinsätze zwischen NATO-Staaten und Partnerländern des Bündnisses umgesetzt und der Streitkräftekooperationsprozess von Partnerländern an demokratische Standards von NATO-Staaten herangeführt wird (Stichwort: demokratische Kontrolle von Streitkräften), zielt die OSZE auf die Verwirklichung zwar ähnlicher Ziele, jedoch mit unterschiedlichen Mitteln: so in der Beobachtung und Beratung in Bezug auf Volksgruppenrechte, freie Medien und Rechtsstaatlichkeit (vgl. ebd.). Mit der Schaffung des *Gemeinsamen Ständigen NATO-Russland-Rates* (NATO-Russia Permanent Joint Council) im Mai 1997 hatte die NATO zusätzlich zur OSZE die Möglichkeit, direkt mit Russland Kooperationen zu entwickeln. 2001 hatte die OSZE-Troika eine Initiative gestartet, die OSZE-NATO/EAPC-Beziehungen zu erweitern, die Ergebnisse bleiben jedoch sehr bescheiden (vgl. ebd.).

Seit Januar 1998 finden regelmäßige Treffen zwischen NATO und OSZE statt – so auch im Rahmen von Ministertreffen, auf Botschafterebene, auch reguläre Briefings finden statt (vgl. ebd.). Praktische Kooperationen in Feldmissionen vor allem in Mazedonien, Bosnien-Herzegowina, Kosovo und Albanien verdeutlichten die Möglichkeiten, Grenzen und Herausforderungen der OSZE-NATO-Beziehungen (vgl. ebd.). Seit 2000 kooperiert die NATO mit dem OSZE-Konfliktpräventionszentrum, jedoch funktioniert der nachrichtendienstliche Austausch nur eingeschränkt (vgl. ebd.). Im Budapester Aktionsplan vom Dezember 2001 erklärte die OSZE, die Kooperationen mit dem Europarat, der EU und der NATO bei der Unterstützung jener Maßnahmen und Ziele, in denen die OSZE Erfahrung besitzt, enger abzustimmen (vgl. van Ham 2005: 165).

Seit 1999 besitzt die OSZE ihre eigene *Platform for Co-operative Security*, in der sie selbst anderen Organisationen eine koordinierende Funktion anbietet (vgl. van Langenhove 2014: 20). Der *Inter-Regional Dialogue on Democracy* – organisiert vom *Stockholmer International Institute for Democracy and Electoral Assistance* – bildet eine intergouvernementale Organisation aus 25 Staaten weltweit. Diese Institution bietet eine weitere Plattform des informellen Austausches regionaler Organisationen an – ein Modell, das auch erweitert werden kann auf andere Bereiche wie Konfliktmanagement und Mediation (vgl. ebd.). Die im Jahr 2010 in New York auf Initiative der Außenminister Finnlands und der Türkei eingerichteten *Group of Friends of Mediation* spielte eine wesentliche Rolle bei der Erstellung der *UN Secretary-General's Guidance for Effective Mediation*. Diese *Group of Friends* setzt sich aus 34 Mitgliedsländern zusammen, der VN und folgenden regionalen Organisationen: *Afrikanische Union* (AU), *Arabische Liga*, ASEAN, EU, OSZE, der *Organisation Amerikanischer Staaten* (OAS) und der *Organisation für Islamische Zusammenarbeit* (Organization of Islamic Cooperation) (vgl. van Langenhove 2014: 21). Im Januar 2010 initiierte der sogenannte *High-Level Retreat* mit den Präsidenten regionaler Organisationen, der vom VN-Generalsekretär Ban Ki-moon in New York organisiert wurde, Treffen regionaler, subregionaler und anderer internationaler Organisationen im Bereich Mediation. Seither hat die OSZE bis 2014 drei derartige Treffen mitorganisiert, so im Dezember 2010 in Wien, im April 2012 in Jeddah und im Februar 2014 in Kairo (vgl. ebd.).

8. Der *Open Skies Treaty*

Am 24. März 1992 erfolgte nach langen Verhandlungen in Helsinki die Unterzeichnung des *Vertrages über den offenen Himmel* (Open Skies Treaty) durch 26 KSZE-Staaten (vgl. Simonet 2012: 18). Der Vertrag selbst ist am 1. Januar 2002 in Kraft getreten:

> „Its purpose is neither to provide a framework for the reduction of existing arsenals nor to limit the activities or military capabilities of the States Parties. It is simply, according to the terms of the preamble, to ‚promote greater openness and transparency in their military activities'" (Simonet 2012: 19).

Der Zweck des Vertrages ist *Beobachtung* in Übereinstimmung mit existierenden und zukünftigen *Rüstungskontrollübereinkommen.* Dieser Vertrag geht zurück auf eine Initiative des US-Präsidenten Dwight Eisenhower: er schlug damals der Sowjetunion vor, gegenseitige Überflüge mit einem Austausch von Fotografien zu gestatten (vgl. Simonet 2012: 18). Dieser Gedanke, sich gegenseitig aus der Luft zu überwachen, wurde bereits am 21. Juli 1955 zum ersten Mal geäußert, „als der Kalte Krieg begann, immer kälter zu werden" (Mader 2010: 76). Eisenhower hatte beim Genfer Gipfel mit den Vertretern Frankreichs (Premierminister Faure), Großbritanniens (Premierminister Eden) und der Sowjetunion (Premierminister Bulganin in Vertretung von Chruschtschow) konferiert. Als in Genf damals kein Konsens über eine Wiedervereinigung Deutschlands erreichbar schien bzw. über die exakte Konfiguration eines Waffenabkommens, trat Eisenhower mit *Open Skies* auf dem Plan (vgl. ebd.). Ein derartiges Übereinkommen würde die vier Staaten verpflichten, „Karten mit der genauen Position jeder Militäreinrichtung auf ihren Territorien auszutauschen" (ebd.). In der Folge würde es den Staaten gestattet sein, „über diesen Einrichtungen Luftaufklärung zu betreiben und so die Beachtung der vereinbarten Rüstungsgrenzen zu sichern" (ebd.). Frankreich und Großbritannien zeigten ihr Interesse über die Etablierung eines derartigen Abkommens, die Sowjetunion wies jedoch diese Ideen zurück, da diese somit „unter Überwachung einer westlichen Macht" gebracht werden würde (ebd.). Chruschtschow erklärte öffentlich, dass Eisenhowers *Open Skies* „nichts weiter als eine Spionage-Verschwörung" wäre (ebd.). Monate später begannen seitens der USA jedoch die „geheimen – und diesmal echten – Spionageflüge über der damaligen UdSSR" (ebd.). Aus damaliger sowjetischer Sicht sollte durch *Open Skies* der militärische Rückstand gegenüber den USA nicht preisgegeben werden (ebd.).

1989 griff US-Präsident George Bush diese Idee wieder auf, Verhandlungen begannen zwischen der NATO und dem Warschauer Pakt im September 1989 in Ottawa unter Kanadas Premierminister Brian Mulroney (vgl. Simonet 2012: 18; Mader 2010: 77). Als *Open Skies* am 24. Mai 1992 in Helsinki unterzeichnet wurde, existierten weder der Warschauer Pakt noch die Sowjetunion. Der Zertifizierungs- und Ratifizierungsprozess dauerte schließlich bis 1. Januar 2002 mit den letzten Ratifizierungen von Russland und Weißrussland (vgl. Mader 2010: 77). Die ursprünglichen 26 Signatarstaaten waren: Belarus, Belgien, Bulgarien, Dänemark, Deutschland, Frankreich, Georgien, Griechenland, Großbritannien, Island, Italien, Kanada, Luxemburg, Niederlande, Norwegen, Polen, Portugal, Rumänien, Russland, Slowakei, Spanien, Tschechische Republik, Türkei, Ukraine, Ungarn und die USA. 2003 traten Bosnien-Herzegowina, Lettland, Finnland und Schweden bei und 2005 Estland und Litauen. Zypern hat schon länger um Aufnahme ersucht, sein Ansuchen liegt jedoch vor der *Konsultationskommission* auf Eis, weil die Türkei derartige Anstrengungen Zyperns blockiert (vgl. ebd.). Der *Open Skies-Vertrag* wurde ohne Zeitlimit abgeschlossen, jede Vertragspartei hat demnach

- Überflüge anderer Vertragsparteien über ihrem nationalen Territorium zu akzeptieren, inklusive der Hoheitsgewässer, Inseln und Sperrgebiete;
- *Open Skies*-Flüge besitzen sogar Priorität gegenüber allem anderen Luftverkehr, Ausnahme bilden erklärte Luftnotfälle;
- *Open Skies* erlaubt jedem Vertragsstaat, Kopien der Ergebnisse von jedem Flug zu erhalten;
- Neben den Fähigkeiten der Sensoren wurden sämtliche *Rahmenbedingungen* exakt festgelegt und eingegrenzt. Die Flugzeuge müssen im zu beobachtenden Staat mit abgedeckten Kamerafenstern zuerst landen, werden dort auf Vertragseinhaltung kontrolliert und müssen auch fremde kontrollierende Beobachter (aus einem Drittland) im Flug an Bord lassen. Alternativ können auch Staaten in bilateraler Abmachung eigene Flugzeuge mit eigenen Sensoren über dem Territorium des anderen einsetzen. Der zu beobachtende Staat kann auch das mit seinen Sensoren bestückte Flugzeug stellen und nur die ausländischen Beobachter an Bord nehmen. Der 500. Beobachterflug wurde in der Wiener Hofburg im Sommer 2008 gefeiert (vgl. ebd.);
- Die Leistungsparameter der Sensoren im Flugzeug (etwa in einer Saab-340 (Schweden), in einer CN-235 (Türkei), in einer Tu-154M (Russland), in einer An-30 (Russland, Bulgarien, Ukraine) oder einer OC-135B (USA)) sind im *Open Skies-Vertrag* genau definiert, ihre maximale Auflösung am Boden umfassen: Optische Senkrecht- und Panorama-Kameras mit 30 Zentimetern, Videokameras mit 30 Zentimetern, *synthetisches Apertur-Radar* (SAR) mit drei Metern sowie Infrarot-Line-Scanner mit 50 Zentimetern. Zehn Staaten bilden die sogenannte *Pod group*: sie benützen einen französischen Kamerabehälter (Special Avionics Mission Strap On Now) an einer französischen C-130 Hercules: Belgien, Frankreich, Griechenland, Italien, Kanada, Luxemburg, Niederlande, Norwegen, Portugal und Spanien (vgl. ebd.).

Deutschland spielte unter den Signatarstaaten bei der Vorbereitung der Zertifizierung der Infrarot-Sensorik eine führende Rolle, und bei der beabsichtigten Einführung moderner Digital-Sensorik wurden unter deutscher Mitwirkung, z.B. bei der Erprobung verschiedener Kameratypen, wesentliche Fortschritte erzielt. Darüber hinaus leistete das *Zentrum für Verifikationsaufgaben der Bundeswehr* fortgesetzt Unterstützung durch Training und Ausbildung im Rahmen von *Open Skies-Lehrgängen* und Trainingsbeobachtungsmissionen (vgl. ebd.).

Eine *Open Skies-Mission* wird durch eine *Notifikation*, die spätestens 72 Stunden vor Missionsbeginn bekanntgegeben werden muss, eingeleitet. Daraufhin muss das betroffene Land, über dem die Mission durchgeführt werden soll, innerhalb von 24 Stunden den Erhalt der Notifikation bestätigen. Die *maximale Dauer* einer Mission beträgt 96 Stunden (vgl. Simonet 2012: 19). Die *Open Skies Consultative Commission* (OSCC) trifft sich monatlich in Wien und wird räumlich und administrativ durch das *OSZE-Konfliktverhütungszentrum* betreut – gemäß Artikel X des Vertrages. Drei *Open Skies-Überprüfungskonferenzen* wurden in Wien bisher abgehalten, die erste vom 14. bis 16. Februar 2005, die zweite vom 7. bis 9. Juni 2010 sowie die dritte vom 8. bis 10. Juni 2015.

Dieser Vertrag – ein „wichtiges Instrument jener komplexen Mechanismen kooperativer, multinationaler Rüstungskontrolle" – ermöglichte „im Anwendungsgebiet der nördlichen Hemisphäre […] gegenseitig kurzfristig angemeldete, ungehinderte und gemeinsame Beobachtungsflüge mit vertraglich festgelegter Sensorik bzw. Auflösung" (Mader 2010: 76; Simonet 2012: 19) über die Territorien der 34 Unterzeichnerländer mit dem Ziel, Offenheit und Transparenz von Streitkräften und ihren Aktivitäten zwischen den Unterzeichnerstaaten (inklusive Russland) herzustellen (vgl. Simonet 2012: 19). Dieser Vertrag leistet mittels der Überwachung von Rüstungskontrollvereinbarungen wie dem seit 2007 durch Russlands Aussetzung geschwächten adaptierten *Vertrag über konventionelle Streitkräfte in Europa* oder dem *Chemiewaffenübereinkommen* (CWÜ) einen äußerst relevanten Beitrag „zur Verbesserung internationaler Stabilität und Sicherheit" (Mader 2010: 76). Wie die OSZE ist auch die Konsultationskommission des *Open Skies* in Wien angesiedelt, obwohl Österreich kein Signatarstaat dieses Abkommens ist (vgl. ebd.). Die Anzahl der jeweiligen Überflüge (Quoten) werden jeden Herbst neu verhandelt (vgl. Simonet 2012: 19). Es gibt sogenannte *aktive* und *passive* Quoten: erstere beziehen sich auf jene Überflüge, die der betroffene Staat zu bewilligen bereit ist, zweitere beziehen sich auf jene Überflüge, die der betroffene Staat zu akzeptieren bereit ist (vgl. ebd.). Diese Quoten hängen von den geografischen Bedingungen des Staates, der Bevölkerung und des Militärs sowie der strategischen und wirtschaftlichen Relevanz ab (vgl. ebd.). Jener Flug, der seitens der Benelux-Staaten über Bosnien-Herzegowina am 20. August 2008 mit Beobachtern aus Kanada, Norwegen und der Tschechischen Republik durchgeführt wurde, erfolgte als 500. Flug unter diesem Vertragsregime. Ausschließlich Weißrussland und Russland sowie der Benelux (Belgien, Niederlande und Luxemburg) nehmen die Möglichkeit gemäß Artikel III, Sektion II des Abkommens wahr, eine Gruppe aus zwei oder mehreren Staaten für den Zweck der Kooperation zu bilden (vgl. ebd.).

9. 1999 – neue Aufgaben für die OSZE

Eingeladen zum OSZE-Gipfeltreffen 1999 im Ciragan-Palast von Istanbul waren außer den damaligen 54 OSZE-Teilnehmerstaaten auch hochrangige Vertreter aus Ägypten, Israel, Jordanien, Tunesien, Südkorea und Japan; diese Staaten entsendeten ihre Außenminister nach Istanbul (vgl. Ultsch 1999b: 3). Jugoslawien bzw. dessen Teilnahme in der OSZE war seit 1992 aufgrund der Sezessionskriege suspendiert, jedoch war das Land durch serbische Oppositionsführer, die Tschechiens Präsident Václav Havel persönlich nach Istanbul eingeladen hatte, inoffiziell vertreten (vgl. ebd.). In Istanbul einigten sich die Präsidenten der Türkei, Aserbaidschans, Georgiens und Turkmenistans „auf vehementen Wunsch der USA auf eine Öl- und Gaspipeline vom Kaspischen Meer zum türkischen Hafen Ceyhan – eine nicht nur politisch, sondern auch geostrategisch weitreichende Entscheidung“ (ebd.).

Das *Highlight* der 1999 in Istanbul verabschiedeten *Europäischen Sicherheitscharta* ist die Einrichtung von *schnellen Einsatzgruppen für Expertenhilfe und Kooperation* (Rapid Expert Assistance and Cooperation Teams), um die OSZE in die Lage zu versetzen, Ersuchen um Hilfe und um Entsendung umfangreicher ziviler Feldoperationen rasch nachzukommen. *Rapid Expert Assistance and Cooperation Teams* (REACT) „includes a database of experts who can be contacted and actively serve during crisis situations“ (van Ham 2005: 161). Das Aufgabengebiet der REACT umfasst gemäß der *Europäischen Sicherheitscharta* von 1999 die Hilfestellung bei der *Konfliktverhütung*, *Krisenbewältigung* und der *Normalisierung der Lage nach Konflikten.* Der Aufgabenbereich der OSZE beinhaltet auch die *Verstärkung der polizeilichen Aufgaben*, um Rechtsdurchsetzung auf Feldoperationen erreichen zu können – wie Polizeiüberwachung (Verhinderung von ethnischen oder religiösen Diskriminierungen seitens der zu überwachenden Polizisten), Polizeischulung (u.a. Umschulung paramilitärischer Kräfte, Vermittlung neuer bzw. moderner Polizeimethoden zur Bekämpfung des Drogenhandels, der Korruption und des Terrorismus, Schaffung von Polizeidiensten, die sich aus Mitgliedern verschiedener Volksgruppen zusammensetzen, generelle Achtung und Förderung von Menschenrechten). Zahlreiche Seminare zu obigen Themen wurden abgehalten, so auch zwischen dem 23. und 25. April 2013 in Andidschan (Usbekistan) mit ca. 80 Vertretern aus lokalen Verwaltungen und der Gesundheitsbranche zum Thema Drogenschmuggel. Ziel war es damals, ein nationales Programm für die Kontrolle des illegalen Drogenhandels zu etablieren, in Kooperation mit dem OSZE-Projektkoordinator in Usbekistan und dem Nationalen Zentrum für Drogenkontrolle (vgl. OSCE Project Coordinator in Uzbekistan 2013).

1999 erfolgte auch die aufgrund der veränderten Sicherheitslage nach der Auflösung des Warschauer Paktes und der Erweiterung der NATO notwendig gewordene Überarbeitung des *Vertrags über Konventionelle Streitkräfte in Europa*, danach in Istanbul im selben Jahr die Unterzeichnung des adaptierten VKSE und somit die Verpflichtung der 30 Unterzeichnerstaaten, ihre schweren konventionellen Waffen und Streitkräfte um bis zu 20 Prozent zu reduzieren. Im erneuerten VKSE wurde das sogenannte *Gruppenprinzip* aufgegeben, also die Orientierung der Obergrenzen an NATO und Warschauer Pakt, weil der Warschauer Pakt bereits seit Mitte 1991 aufgelöst war. Dafür wurde ein *System regionaler Stabilität* eingeführt, das für bestimmte Regionen neben den nationalen Obergrenzen Gesamtobergrenzen vorsieht, damit ein Land nicht seinen ganzen zulässigen Bestand in eine bestimmte Region verlegen kann. Für militärische Übungen und Krisensituationen wurde gewisse Flexibilität zugestanden, jedoch nur für eine bestimmte Zeit.

Mit der Unterzeichnung der *Europäischen Sicherheitscharta* und der aufgrund einer Tschetschenien-Passage bis zum Schluss umstrittenen Schlusserklärung ging am 19. November 1999 in Istanbul der OSZE-Gipfel zu Ende (vgl. Ultsch 1999: 1):

> „Während die Gipfelteilnehmer bemüht waren, nach den Kontroversen vom Vortag[1] und der vorzeitigen Abreise des russischen Präsidenten Boris Jelzin den Erfolg des Gipfels zu betonen, kamen seitens der USA und Russlands dennoch kontroverse Signale: US-Präsident Bill Clinton kündigte an, dass er den Vertrag erst dann dem US-Senat zur Ratifizierung vorlegen werde, wenn Russland seine Truppen im Nordkaukasus auf das im KSE-Abkommen festgelegte Maß reduziert habe; Russlands Außenminister Igor Iwanow sagte, die für Tschetschenien verabredete OSZE-Mission könne allenfalls die russisch kontrollierten Gebiete besuchen“ (ebd.).

Nach westlichen Angaben überschritt Russland an seiner Südflanke durch den *Tschetschenien-Konflikt* das damals festgelegte Maß um 60 Prozent (vgl. Bischof 1999b: 4). Am 18. November 1999 hatte es „noch danach ausgesehen, als könnte Russland den Gipfel platzen lassen. Nach massiver Kritik des Westens an der russischen Kriegsführung in Tschetschenien reiste Präsident Boris Jelzin demonstrativ früher als geplant aus Istanbul ab“ (Ultsch 1999b: 3). Etwa drei Stunden nach Jelzins vorzeitigem Abflug gab die damalige US-Außenministerin Madeleine Albright eine Einigung mit Russland bekannt: Moskau gestattete dem damaligen OSZE-Vorsitzenden Norwegen einen Besuch in Tschetschenien und gab die unverbindliche Erklärung ab, dass eine politische Lösung wesentlich sei, in der die OSZE eine Rolle spielen könne (vgl. ebd.). Betreffend Tschetschenien lehnt Moskau jegliche „Einmischung in interne Angelegenheiten ab“ (ebd.). Nach hartem Ringen hatte der OSZE-Gipfel eine Passage zur Tschetschenien-Krise in die Schlusserklärung aufgenommen, in Punkt 23 hieß es dazu:

---

1 Die USA kritisierte vor allem den „unverhältnismäßigen Einsatz von Gewalt“ in Tschetschenien (Bischof 1999: 1).

„Mit Blick auf die jüngsten Ereignisse im Nord-Kaukasus bekräftigen wir nachdrücklich, dass wir die territoriale Integrität der Russischen Föderation voll und ganz anerkennen und Terrorismus in all seinen Formen verurteilen. Wir betonen die Notwendigkeit, die OSZE-Normen zu achten. Wir stimmen überein, dass es im Lichte der humanitären Situation in der Region wichtig ist, die Not der Zivilbevölkerung zu lindern, auch dadurch, dass angemessene Bedingungen geschaffen werden, damit internationale Organisationen humanitäre Hilfe leisten können. Wir sind uns einig, dass eine politische Lösung von zentraler Bedeutung ist, und dass die Hilfe der OSZE dazu beitragen würde, dieses Ziel zu erreichen. Wir begrüßen die Bereitschaft der OSZE, bei der Erneuerung eines politischen Dialogs zu helfen. Wir begrüßen die Zustimmung Russlands zu einem Besuch der Präsidentschaft in der Region. Wir bestätigen das existierende Mandat der OSZE-Unterstützungsgruppe in Tschetschenien. In diesem Zusammenhang begrüßen wir auch die Bereitschaft Russlands, diese Schritte zu ermöglichen, die zur Schaffung von Voraussetzungen für Stabilität, Sicherheit und wirtschaftlichem Wohlstand in der Region beitragen werden“ (Die Presse 1999: 4).

Die OSZE richtete im Dezember 1995 eine Präsenz in Tschetschenien ein, wo seit 10. Oktober 1995 reguläre russische Truppen im Einsatz waren (vgl. Munro 2010: 11). Der *Ständige Rat der OSZE* beschloss zuvor im April 1995 die Einsetzung einer Assistenzgruppe mit folgenden zwei Aufgaben: Konfliktlösung und Post-Konfliktbetreuung – im Einklang mit dem Prinzip der territorialen Integrität Russlands (vgl. Aichinger 2005: 229). Ende Juli 1995 gelang es der Gruppe sogar, ein Abkommen über die Einstellung der bewaffneten Kämpfe, die Freilassung von Gefangenen und einen Truppenabzug auszuhandeln, das Abkommen wurde jedoch nie umgesetzt (vgl. ebd.). Die Gruppe konnte in der Organisation von Präsidentschafts- und Parlamentswahlen sowie bei der Rückkehr humanitärer Organisationen einen positiven Beitrag leisten. Aufgrund der sich enorm verschlechternden Sicherheitslage musste die Gruppe ihre Arbeit in Tschetschenien ab Dezember 1998 einstellen und wurde nach Moskau verlegt. Ende 2002 erklärte Russland einseitig das Ende der Arbeit der Assistenzgruppe (vgl. ebd.). Russland war nicht bereit, dieser Mission ein politisches Mandat zu geben, sondern sah für die Gruppe ausschließlich humanitäre Aufgaben vor. Auf Seiten der Rebellen wurde die Einstellung dieser Mission begrüßt, da sie der OSZE vorwarfen, lediglich „den ‚Mythos‘ einer internationalen Überwachung aufrechterhalten zu haben“ (ebd.).

Russlands Innenminister (Wladimir Ruschailo) konterkarierte zunächst die Istanbuler Einigung: „Wir brauchen keine OSZE-Vermittlung!“ (Bischof 1999: 1). Ohne Erfolg hatte die Staatengemeinschaft sowohl auf die Unverhältnismäßigkeit der eingesetzten militärischen Mittel im Kampf gegen Terroristen in Tschetschenien hingewiesen wie auch auf die Tatsache, dass insbesondere die Zivilbevölkerung enorm leide (vgl. Austria Presse Agentur 2000b). Die Tatsache, dass der vormalige amtierende Vorsitzende der OSZE, Knut Vollebaek, nach zögernder Zustimmung Russlands am Istanbuler Gipfel die Erlaubnis bekam, in die Krisenregion zu reisen, bedeutete zunächst einen ersten Schritt in Richtung einer Fortsetzung des OSZE-Engagements (vgl. ebd.). Gute Dienste der OSZE könnten hier demnach förderlich sein, so wie während des *Tschetschenien-Krieges* 1995/1996.

Die Unterzeichnung der *Erklärung von Istanbul* überließ Russlands Präsident Boris Jelzin seinem Außenminister Igor Iwanow, einem Minister, der nicht unbedingt zum inneren Machtzirkel von Jelzin gehörte (vgl. Ultsch 1999b: 3). Jelzin erreichte mit seinem Auftritt beim Istanbuler OSZE-Gipfel medial „fast wieder ähnlich hohe Zustimmungswerte wie nach seiner Panzerrede vor dem Weißen Haus in Moskau während des August-Putsches 1991" (Windisch 1999: 4). Bewirkt hatte damals Jelzins Popularitätshoch auch und vor allem folgende Aussage: „Sie haben kein Recht, Russland wegen Tschetschenien zu kritisieren" (ebd.). So hatte Jelzin den Teilnehmerländern erst gar keine Möglichkeit gelassen, „Moskau an die Wand zu spielen" (ebd.). Die russische Zeitung *Nesawissimaja Gaseta* meinte zum OSZE-Gipfelergebnis: „Der Dialog von Istanbul erinnerte an die Kommunikation zwischen einem Blinden und einem Tauben" (Nesawissimaja Gaseta 1999), die *Iswestija* sah den Istanbuler Gipfel bereits als Vorboten einer neuen Eiszeit im Verhältnis USA-Russland: „Es ist Herbst geworden. Bald kommen die ersten Bodenfröste und dann die große Kälte. Vor unseren Augen vollziehen sich Entwicklungen, die Russland und den Westen um 15 Jahre zurückwerfen könnten" (Windisch 1999: 4).

10. Die Büros und Institutionen der OSZE

Die Entscheidungsgremien der OSZE sind:

- Der *Ständige Rat* (Wien): reguläres *Hauptentscheidungsgremium* der OSZE, trifft einmal pro Woche zusammen, um über laufende Entwicklungen zu diskutieren und zu entscheiden. Er beschließt auch die Einrichtung von *Feldoperationen*, ihre Mandate und Haushaltspläne. Der *Ständige Rat* und der *Amtierende Vorsitzende* legen Leitlinien für diese Einsätze fest.
- Das *Forum für Sicherheitskooperation* (Wien) setzt sich aus Vertretern der Delegationen der Teilnehmerstaaten zusammen und tagt einmal pro Woche in der Hofburg. Es verhandelt und berät über konkrete Maßnahmen zur Festigung von Sicherheit und Stabilität in ganz Europa. Seine wichtigsten Aufgaben sind: Verhandlungen über *Rüstungskontrolle*, *Abrüstung* sowie *Vertrauens- und Sicherheitsbildende Maßnahmen* sowie die Sicherstellung größtmöglicher *Transparenz* im militärischen Bereich.
- *Gipfeltreffen der Staats- und Regierungschefs*: bei diesen Treffen werden auf höchster politischer Ebene Prioritäten und Richtlinien festgelegt. Das erste Gipfeltreffen endete am 1. August 1975 mit der Unterzeichnung der *Schlussakte von Helsinki*.
- Der *Ministerrat* setzt sich aus den *Außenministern der OSZE-Staaten* zusammen, tagt einmal pro Jahr und tritt üblicherweise jedes Jahr gegen Ende der Amtsperiode des jeweiligen Vorsitzes zusammen (mit Ausnahme jener Jahre, in denen ein Gipfeltreffen stattfindet), um OSZE-relevante Fragen zu erörtern und entsprechende Beschlüsse zu verabschieden. Er wurde durch die *Charta von Paris für ein Neues Europa* 1990 unter dem Namen *Rat der Außenminister* eingerichtet, das Helsinki-Dokument aus 1992 bestätigte seine Rolle als die zentrale Entscheidungseinrichtung der OSZE und gab diesem Gremium mehr Verantwortung in den Bereichen Konfliktprävention und Krisenmanagement. Durch das Budapester Dokument aus 1994 bekam dieses Gremium den Namen *Ministerrat*.

Weitere folgende Strukturen und Institutionen besitzt die OSZE:

- *Amtierender Vorsitz*: Der Vorsitz rotiert in jährlichem Wechsel unter den *Außenministern der OSZE-Staaten*. Jährlich wird also ein Außenminister bzw. Außenministerin eines Vorsitzlandes zum bzw. zur Vorsitzenden ernannt, um die OSZE-Aktivitäten zu koordinieren. Der amtierende Vorsitz trägt die *Gesamtverantwortung* für das exekutive Handeln und die Koordinierung der OSZE-Aktivitäten. Unterstützt wird der Vorsitz durch die *ministerielle Troika* und den *Generalsekretär*. Die Troika wurde noch auf dem KSZE-Gipfel von Helsinki im Jahr 1992 ins Leben gerufen, um

Kontinuität in die OSZE-Führung zu bringen (vgl. Ilić 2015: 28). Sie ist ein Staatenformat aus dem vorhergehenden, dem gegenwärtigen und dem nachfolgenden OSZE-Vorsitzland. 2016 besteht die *OSZE-Troika* aus drei Staaten: Serbien, Deutschland und Österreich. 2015 setzte sich die Troika aus der Schweiz, Serbien und Deutschland zusammen, 2014 aus der Ukraine, der Schweiz und Serbien: „The Troika is the main consultative body of the OSCE Chairmanship", so Vuk Zugić, Ständiger Vertreter Serbiens zur OSZE (ebd.). Unter dem Vorsitz Serbiens wurden von Januar bis Mai 2015 insgesamt 23 Treffen innerhalb des Troikaformats abgehalten, so viele wie während des Schweizer Vorsitzes im Jahr 2014 zusammen (vgl. ebd.).

- *Parlamentarische Versammlung*: besteht aus über 300 Parlamentarier der OSZE-Teilnehmerstaaten. Sie besitzen beratenden Status und stellen die Mitwirkung der nationalen Parlamente sicher.
- *Sekretariat*: Unter der Leitung des *Generalsekretariats* verwaltet das Sekretariat die OSZE und leistet operationelle Hilfe bei Feldaktivitäten, Kontakten zu internationalen und Nicht-Regierungsorganisationen, u.a. bei der Koordination von Wirtschafts- und Umweltaktivitäten, politisch-militärischen Aktivitäten und der Öffentlichkeitsarbeit.
- *Generalsekretär*: Der Generalsekretär wird vom Ministerrat per Konsens für drei Jahre ernannt. Er ist der *höchste Verwaltungsbeamte* der OSZE und agiert unter Anleitung des Amtierenden Vorsitzenden, unterstützt diesen als seinen Vertreter und besitzt keine politische Bedeutung (vgl. Vetschera 2000: 124).
- *Prager Büro des Sekretariats*: assistiert bei der Öffentlichkeitsarbeit und beherbergt darüber hinaus das OSZE-Archiv. Außerdem hilft es bei der Organisation des alljährlichen Prager Wirtschaftsforums.
- *Hohe Rat und Wirtschaftsforum*: Der Hohe Rat überwacht, leitet und koordiniert die OSZE-Aktivitäten. Er erörtert politische und allgemeine budgetäre Richtlinien und gibt diese vor. Einmal pro Jahr tritt der Hohe Rat in Prag als Wirtschaftsforum zusammen. Der Hohe Rat kann auch zu Dringlichkeitstreffen und zusätzlichen Treffen einberufen werden.
- *Rapid Expert Assistance and Co-operation Teams*: REACT ist ein Pool von zivilen Experten aus OSZE-Staaten, die kurzfristig für Einsätze in Missionen bereitstehen.
- *Büro für demokratische Institutionen und Menschenrechte* (Office for Democratic Institutions and Human Rights): Dieses Büro ist aus dem 1990 gegründeten *Büro für freie Wahlen* hervorgegangen und organisiert Wahlbeobachtungsmissionen, befasst sich mit der Entwicklung nationaler Wahl- und Menschenrechtsinstitutionen, stellt technische Hilfe für nationale Rechtsinstitutionen bereit, fördert die Entwicklung der Zivilgesellschaft und bildet OSZE-Mitarbeiter aus (vgl. Vetschera 2000: 125). In vielen OSZE-Staaten, vor allem in Zentralasien, sind Menschenrechte

einer breiten Bevölkerung noch bewusster zu machen, so auch in Usbekistan: „For example, girls are often forced to get married by their families at a very young age, especially in rural areas. Another problem is that if a family splits, women usually remain alone with a child without any support" (Polunina 2015: 32).

- *OSZE-Hochkommissar für nationale Minderheiten* (HKNM): der Posten des HKNM wurde durch den Entscheidungsprozess von Helsinki im Juli 1992 ins Leben gerufen und war eine Reaktion auf den Ausbruch der interethnischen Konflikte im ehemaligen Jugoslawien und der Besorgnisse über die zunehmenden Spannungen in Teilen der ehemaligen Sowjetunion: das Mandat des HKNM ist somit ein *Instrument der Konfliktprävention* auf der frühesten möglichen Stufe (vgl. Kemp 2011: 29). Der HKNM ist zuständig für Frühwarnung und für rasches Erkennen von nationalen Spannungen, die die Sicherheit und Stabilität zwischen OSZE-Staaten gefährden könnten: in diesem Kontext war der HKNM bei der Mithilfe der OSZE beim Zustandekommen des Vertrags über Zusammenarbeit und gute Nachbarschaft zwischen Rumänien und Ungarn 1996 und bei der Unterstützung bei den Bemühungen, das griechisch-albanische Verhältnis zu verbessern, tätig. Der ehemalige zweifache Außenminister der Niederlande und Parlamentsabgeordnete, Max van der Stoel, wurde im Dezember 1992 zum ersten HKNM ernannt, er trat sein Amt am 1. Januar 1993 an und führte dieses Amt bis 30. Juni 2001 aus. Sein Nachfolger wurde der schwedische Diplomat Rolf Ekéus (vgl. ebd.).
- *Beauftragte für Medienfreiheit*: beobachtet die Entwicklung der Medien in den OSZE-Teilnehmerstaaten und führt Frühwarnung durch bei Gefährdung der Meinungsfreiheit in betreffenden Staaten oder bei der Einschränkung von Rechten in Bezug auf die Ausübung des Journalistenberufes und der Medienfreiheit. Er wird vom Ministerrat für eine Funktionsdauer von drei Jahren bestellt (vgl. Vetschera 2000: 125).
- *Koordinator für ökonomische und ökologische Aktivitäten*: Aufgabe des Koordinators ist es, dem Umweltschutz und dem wirtschaftlichen Transformationsprozess in den Ländern Mittel- und Osteuropas politische Impulse zu geben.
- *Court of Conciliation and Arbitration* (Vergleichs- und Schiedsgerichtshof): Streitschlichtungsmechanismus in Genf für jene OSZE-Teilnehmerstaaten, die der 1992 vom Ministerrat angenommenen *Convention on Conciliation and Arbitration* (Stockholmer Konvention) beigetreten sind. Dieser wurde 1995 ins Leben gerufen, nachdem zwölf Teilnehmerstaaten die Stockholmer Konvention unterzeichnet hatten. 33 Teilnehmerstaaten hatten 2014 die Konvention ratifiziert, Streitparteien können somit weder Privatpersonen noch die OSZE selbst sein (vgl. Tomuschat 2014: 36; Schneider 2000: 89).

- *Rüstungskontroll- und VSBM-Maßnahmen*: Als Beispiel aufzuführen ist die Bildung einer *Dayton Contact Group* (USA, Russland, Großbritannien, Frankreich, Deutschland und Italien) für die Umsetzung des Friedensvertrages von Dayton 1995, hier vor allem des *Sub-Regional Arms Control Agreement* (Annex I-B des Artikels IV des Daytoner Friedensvertrages – dieser gilt für die Staaten Bosnien-Herzegowina, Kroatien, Serbien und Montenegro und wurde am 14. Juni 1996 in Florenz unterzeichnet; nach intensiven Verhandlungen und Konferenzen in Dayton, Paris, Budapest, Wien, London, New York und Bonn) (vgl. Periotto 2011: 27). Ziel war die Verhinderung eines erneuten Aufflammens des Konfliktes durch die Schaffung eines *stabilen militärischen Gleichgewichts* mit der geringsten möglichen Bewaffnung und Verhinderung eines Wettrüstens in der Region (vgl. ebd.). Das Daytoner Abkommen mandatierte die OSZE mit der Unterstützung bei der *Ausarbeitung und Implementierung des subregionalen Übereinkommens*, der Amtierende Vorsitz der OSZE (Chaiperson-in-Office) ernannte einen persönlichen Repräsentanten (Personal Representative) für die Unterstützung der Parteien bei der Verhandlung und Implementierung. Die OSZE-Teilnehmerstaaten begrüßten diesen Entschluss während des Ministerrates in Budapest im Jahr 1995 (vgl. ebd.). Internationale Rüstungskontrollexperten vor allem der *NATO-School* in Oberammergau und des *RACVIAC Centre for Security Co-operation* in Zagreb trugen zur Ausbildung von Militärexperten der einzelnen teilnehmenden Staaten am Westbalkan bei (vgl. Periotto 2011: 28). Im Rahmen des subregionalen Rüstungskontrollabkommens wurden innerhalb von 15 Jahren, also zwischen 1996 und 2011, 775 Inspektionen durchgeführt und 9.722 Stück schwere Bewaffnung „von der Region eliminiert", zudem wurde die Anzahl der Objekte für Inspektionen von 244 auf 87 reduziert (ebd.). Der VKSE und das *Wiener Dokument* waren Vorbilder für die stabilisierenden Übereinkommen zu Artikel II und IV des Friedensübereinkommens von Dayton. Das OSZE-Mandat für Verhandlung und Implementierung des *Sub-Regional Arms Control Agreement* wurde Ende 2014 beendet. Dessen Zuständigkeiten bei der Unterstützung wurden direkt vom Persönlichen Vertreter des OSCE Chairperson-in-Office for Article IV – insgesamt gab es sechs, davon fünf aus Italien – den Parteien Bosnien-Herzegowina, Kroatien, Montenegro und Serbien übergeben, dies geschah während der OSZE-Ministerkonferenz in Basel (vgl. Security Community 2014: 9).

Nicht nur Staaten, sondern auch *Nichtregierungsorganisationen* (NGOs) können an unterschiedlichen OSZE-Seminaren und Treffen teilnehmen: so besitzt das BDIMR eine eigene NGO-Einheit, die eine NGO-Strategie gegenüber dem Kaukasus und Zentralasien mit dem Ziel entwickelte, den Dialog zwischen NGOs und staatlichen Einrichtungen zu stärken, vor allem im

Bereich Schutz von Menschenrechten. Auch arbeitet der Beauftragte für Medienfreiheit eng mit NGOs zusammen. Jede OSZE-Feldoperation unterhält ihre eigene NGO-Aktivität, darüber hinaus kooperiert die OSZE mit zahlreichen NGOs wie dem *Human Rights Watch*, dem *Interkeerkelig Vreedensverband*, dem *Internationalen Komitee des Roten Kreuzes, dem International Press Institute*, *Médecins sans Frontières*, dem *Open Society Institute* und den *Reporters sans Frontières* (vgl. Zellner 2002: 2).

11. Internationale Partnerschaften der OSZE

Die OSZE unterhält spezielle Beziehungen mit elf *Partnern für Zusammenarbeit* (Partners for Co-operation), davon befinden sich sechs in der Mittelmeerregion (Ägypten, Algerien, Israel, Jordanien, Marokko, Tunesien), vier in Asien (Japan – Kooperationspartner seit 1992; Südkorea – Kooperationspartner seit 1994; Thailand – Kooperationspartner seit 2000; Afghanistan – Kooperationspartner seit 2003) und Australien (Kooperationspartner seit 2009). Australien nimmt seither an den Treffen der Kontaktgruppe mit den asiatischen Kooperationspartnern teil. Vor allem der Mittelmeerraum war in enger Verbindung bereits mit dem KSZE-Prozess, wie aus der KSZE-Schlussakte aus 1975 hervorgeht:

> „[...] security in Europe is to be considered in the broader context of world security and is closely linked with security in the Mediterranean as a whole, and that accordingly the process of improving security should not be confined to Europe but should extend to other parts of the world, and in particular to the Mediterranean area [...]" (OSCE 2002: 1).

In Bezug auf die Vertiefung der Beziehungen fanden *Treffen mit südlichen Mittelmeeranrainern* statt, die den Ausbau der Beziehungen in den Bereichen Wirtschaft, Soziales, Umwelt, Wissenschaft und Kultur zum Inhalt hatten, so 1979 in Valletta, 1984 in Venedig, 1990 in Palma de Mallorca und 1993 in Valletta (vgl. ebd.). Es erfolgte die Einrichtung von Expertentreffen zwischen der KSZE und dem südlichen Mittelmeerraum in den Bereichen Wirtschaft, Umwelt und Kultur. Beginnend mit der 1990 verabschiedeten *Charta für ein Neues Europa* und dem 1992 verabschiedeten *Schlussdokument von Helsinki* wurde eine stärkere Einbindung von südlichen Mittelmeeranrainern in die KSZE eingeleitet (vgl. Hauser 2005: 23). Es war beim Ministerrat von Rom 1993, als Ägypten, Algerien, Marokko, Tunesien und Israel eine engere und strukturiertere Beziehung mit der damaligen KSZE einforderten, bevor diese offizielle *Mediteranean Partner for Cooperation* (MPCs) wurden. Jordanien wurde 1998 MPC. MPCs nehmen als Beobachter in OSZE-Ministerratstreffen, beim Ständigen Rat und beim Forum für Sicherheitskooperation teil.

Auf der Grundlage des Budapester Gipfels von 1994 wurde die Kontaktgruppe zu den MPCs im Rahmen des Ständigen Rates etabliert. Es ist eine informelle Gruppe, die sich periodisch trifft „to facilitate the interchange of information and the generation of ideas" (OSCE 2015b). Die MPCs nehmen auch an folgenden jährlichen Veranstaltungen teil: den *Jährlichen Sicherheitsüberprüfungskonferenz* (Annual Security Review Conference), dem *Wirtschaftsforum,* am *Implementierungstreffen der humanitären Dimension* (Human Dimension Implementation Meeting), am *Annual Implementation Assessment Meeting* und an den jährlichen und Wintersessionen der *Parlamentarischen Versammlung der OSZE* (vgl. ebd.). Die jährlich stattfindenden *Mittelmeerseminare* (OSCE Mediterranean Seminars) geben Gelegenheit zum Gedankenaustausch und für weitere Entwicklung der OSZE-Mittelmeerpartnerschaft. Derartige Seminare werden auch von Vertretern internationaler Organisationen, von Parlamentariern und NGOs besucht (vgl. ebd.). Themen der Kooperation sind *vertrauens- und sicherheitsbildende Maßnahmen*, *Bekämpfung von Bedrohungen*, *Freiheit der Medien und Gesellschaften und neue Technologien*, *umfassender Sicherheitsbegriff* sowie *Migrations- und Integrationspolitik*. Die sechs MPCs sind auch eingeladen, an Treffen aller drei Dimensionen der OSZE – politisch-militärisch, ökonomisch und menschlich – teilzunehmen. Auf operativer Ebene sind MPCs eingeladen, als Beobachter an *Wahlmissionen* des *OSCE Office for Democratic Institutions and Human Rights* und auch an *Feldmissionen* teilzunehmen (vgl. ebd.). Eingebunden sind ebenso der Libanon, Libyen und Syrien in die Treffen auf Botschafterebene (vgl. Hauser 2005: 23). Seit 1995 existieren OSZE-Seminare in den Bereichen Terrorismus, Armut, Jugendarbeitslosigkeit, Desertifikation und Medienfreiheit (vgl. ebd.). Im Juni 1998 entschied der Ständige Rat, dass Vertreter von MPCs auf einer Fall-zu-Fall-Basis Kurzbesuche bei OSZE-Missionen absolvieren dürfen (vgl. ebd.). Die OSZE befindet sich ebenso im Dialog mit der *Afrikanischen Union*, der *Arabischen Liga* und der *Organisation der Islamischen Konferenz*. Im Herbst 2003 wurde in Rom der *OSCE Mediteranean Parliamentary Forum Mechanism* ins Leben gerufen, um mit den Parlamentariern aus südlichen Mittelmeeranrainerstaaten über sicherheitspolitisch relevante Themen zu diskutieren (vgl. ebd.).

Afghanistan ist seit 2003 ein *OSZE-Kooperationspartner*. Die ODIHR ist seit 2004 in Afghanistan im Bereich Unterstützung der Organisation von Wahlen tätig, es entsendete dazu sogenannte *Election Support Teams*. Auf dem OSZE-Ministerrat von Madrid 2007 nahmen die Außenminister eine Entscheidung betreffend das OSZE-Engagement in Afghanistan an (vgl. OSCE 2010a: 33). Der Generalsekretär wurde darin beauftragt, ein Programm über OSZE-Unterstützung in Afghanistan auszuarbeiten. Auf dieser Grundlage wurden seitens des OSZE-Sekretariats 2008 Projekte entwickelt und durch Sonderbudgetressourcen finanziert. Diese Projekte zielen auf die Stärkung des Grenzschutzes zwischen Afghanistan und zentralasiatischen Ländern, auf die Ausbildung von afghanischen Grenzwachen und die grenzüberschreitende Drogenbekämpfung. 2007 hatte der Ständige Rat den *Partnership Fund* mit dem Ziel entwickelt, eine Teilnahme der Kooperationspartner der OSZE einschließlich Afghanistan in OSZE-Aktivitäten zu sponsern (OSCE 2010a: 33).

Die OSZE-Zentren in *Kirgisistan* (Bishkek) und *Turkmenistan* (Ashgabat) haben die Aufgabe, den kirgischen Zolldienst (Kyrgyz-State Customs Service) sowie Zollausbildungsprojekte zu verwirklichen. Zudem unterstützte die OSZE Turkmenistan bei der Schaffung von sicheren Lagerungsstätten von Klein- und Leichtwaffen. Die OSZE-Büro in *Tadjikistan* arbeitet mit der *Strategic Police Matters Unit* (SPMU) des OSZE-Sekretariats mit dem Ziel zusammen, afghanische Grenzschutzbeamte im Bereich Drogenbekämpfung auszubilden, zudem auch in Kooperation mit der *Action against Terrorism Unit* (ATU) des Sekretariats afghanische Einheiten in die Lage zu versetzen, falsche Dokumente zu erkennen. Die Ausbildung wird in der am 27. Mai 2009 gegründeten *OSCE Border Management Staff College* (BMSC) in Duschanbe durchgeführt (vgl. OSCE 2010b: 36). Das BMSC wurde von Anfang an konzipiert als Institution, die afghanischen Einheiten des *Afghan Border Police and Customs Service* ermöglicht, an Ausbildungsprogrammen zu partizipieren. Im BMSC wurden auch Teilnehmer aus den Mittelmeerkooperationsländern Ägypten, Algerien, Israel, Jordanien, Marokko und Tunesien unterrichtet. Die ODIHR entsendete ein *Election Support Team* zu den Parlamentswahlen in Afghanistan vom 18. September 2010 – auf Einladung des damaligen afghanischen Außenministers Zalmai Rassoul (vgl. OSCE 2010b: 37). Mit dem neuen *New-Med Track II Network*, das am 18. September 2014 in Rom anlässlich des Seminars *Towards Helsinki +40: the OSCE, the Global Mediteranean, and the Future of Co-operative Security* initiiert wurde, sollen künftigen Impulsen für eine Erweiterung des Kooperationsprozesses Raum für Verwirklichung gegeben werden.

In Nordostasien wird die OSZE als ein mögliches Modell für Strukturen kooperativer Sicherheit gesehen. Dies betonte der stellvertretende Außenminister für multilaterale und globale Angelegenheiten der *Republik Korea* Shin Dong-ik:

> „The OSCE has been a major source of inspiration for our endeavour to create a vision of security co-operation for Northeast Asia. Korea is a middle power situated between four major powers: China, Japan, Russia and the United States our neighbours are beset with challenging issues and tensions. The Korean Peninsula remains divided and the nuclear ambition of the Democratic People's Republic of Korea (DPRK) continues to pose a serious threat to the region" (Security Community 2015: 22).

Die Sicherheitslage in der Region sieht zwar demgemäß nicht gerade vielversprechend aus, jedoch:

> „[...] much can be achieved in this region if we succeed in establishing a multilateral security mechanism. A stable Northeast Asia would greatly enhance global security and prosperity" (ebd.).

Die OSZE könnte für ein *gesamtheitliches nordostasiatisches kooperatives Sicherheitsmodell* Vorbild sein, in dem das *Drei C-Konzept der Sicherheit* angewendet wird: „common, comprehensive and co-operative" (ebd.). Als OSZE-Partner beteiligt sich Südkorea an den Arbeiten der OSZE, 2014 stellte Seoul 100.000 Euro für die *Special Monitoring Mission* (SMM) in der Ukraine zur Verfügung (ebd.). Ebenso sollten seitens Südkoreas Kooperationen in neuen Bedrohungsfeldern erweitert werden:

„Modern terrorism, as showcased by foreign terrorist fighters, lone wolf fighters and violent extremism, is now posing a threat in every corner of the world. Cyber security has emerged as a major concern for many countries as well" (ebd.).

Südkoreas Präsidentin Park Geun-hye *trust politics* setzt sich nach dem Vorbild der OSZE zum Ziel, vertrauens- und sicherheitsbildende Maßnahmen für den Raum Nordostasien, in dem *Vertrauensdefizite* vorherrschen, zu entwickeln, wie die *Northeast Asia Peace and Co-operation Initiative* (NAPCI) oder der *Korean Peninsula Trust-Building Process* mit den Zielen *trust, consistency and robust deterrence* – letzterer definiert sich als die vorrangige Politik gegenüber Nordkorea (vgl. Security Community 2015: 23f.). Dieser Prozess wurde von Präsidentin Park im März 2014 symbolisch in Dresden vorgestellt:

„Since German reunification, Dresden has become a modern and vibrant city, and the surrounding region is fully industrialized. Our President's message was that North Korea can be transformed, just like Dresden" (Security Community 2015: 24).

Staaten dieser Region haben erneut Vorschläge eingebracht, einen formellen Mechanismus der Sicherheitskooperation zu schaffen, jedoch bleiben diese Ansätze stecken, „because it's not easy to tackle these very hard security issues directly" (Security Community 2015: 23). So hat sich Südkoreas Präsidentin entschlossen, vorerst jene Bereiche anzusprechen, die weniger kontrovers zwischen den Staaten erscheinen: *Nuklearsicherheit*, *Cyber-Sicherheit*, *Schutz im Bereich Naturkatastrophen*, *Energiesicherheit* und *Umweltschutz*:

„Fundamentally, there is a trust deficit among countries in the region. This makes it difficult to tackle long-standing and now growing tensions regarding history, territory and maritime security. We had better start by discussing practical matters, soft security issues. By co-operating on these issues, we can build the habit of co-operation and dialogue; I mean a regular dialogue" (ebd.).

Obwohl die USA, China und Japan diese Idee unterstützen, behauptet Nordkorea, dass diese Initiative politisch motoviert sei, um das Regime in Pjöngjang zu destabilisieren:

„For North Korea, the stability of its regime is a major concern. We try to explain that it is our genuine intention to promote security and peaceful co-existence, for the time being, until both sides agree on the way to reunify into one. But this is a long-term goal. Until then, we have to build one brick at a time, slowly and gradually. [...] Building trust is the first thing we need to achieve" (ebd.).

Im Unterschied zur KSZE in Europa während des Kalten Krieges besteht in *Nordostasien* keine *Pufferzone* von neutralen Staaten in der Mitte der beiden Blöcke, „we are facing each other directly" (Security Community 2015: 24). Nordkorea, so Seoul, sollte als erste vertrauensbildende Maßnahme den akademischen und kulturellen Kontakt zwischen beiden Ländern fördern. Südkoreas Präsidentin Park hat ebenso mit dem Ziel, Europa und Asien stärker auch über ein Logistiknetzwerk vor allem in den Bereichen Energie und

Handel zu verbinden, die *Eurasia-Initiative* ins Leben gerufen. China und Russland unterstützen ebenso diese Initiative „because it will contribute to rebuilding the huge areas between Europe and Asia (Security Community 2015: 25).

12. Feldmissionen

Die Funktion internationaler Organisationen als *Transmissionsriemen* strategischer Zielsetzungen sowohl von einzelnen Staaten als auch von der Staatengemeinschaft „lässt sich anschaulich in ihrer Verwendung durch die Staatengemeinschaft bei den Konflikten im ehemaligen Jugoslawien darstellen“ (Vetschera 2000: 110). Zu Beginn der *Sezessionskriege im ehemaligen Jugoslawien* vertraten die USA, Großbritannien, Frankreich, Deutschland und Russland meist konträre Positionen: „Nicht zuletzt unter US-Druck ergab sich schließlich eine Abstimmung der Positionen wesentlicher Staaten“ (ebd.). Der OSZE wurden spezielle Aufgaben kooperativer Sicherheitspolitik übertragen, „im militärischen Bereich die Mitwirkung bei Verhandlungen und Umsetzung von Abkommen in der militärischen Vertrauens- und Sicherheitsbildung und Rüstungskontrolle (Annex I-B); im zivilen Bereich bei der Vorbereitung und Abhaltung von freien Wahlen und bei der Förderung und Wahrung der Menschenrechte“ (Vetschera 2000: 111).

Mandate und Budgets für *OSZE-Missionen* benötigen den Konsens aller teilnehmenden Staaten sowie auch des betroffenen Missionslandes. Die operationelle Kontrolle der Mission obliegt dem *Amtierenden Vorsitz* (Chairman-in-Office), jedoch hat der Vorsitzende nicht immer die Mittel, die notwendig wären, sich jeder Mission mit gleicher Aufmerksamkeit zu widmen. Aus diesem Grund haben die sogenannten *Heads of Mission* vor Ort die dafür erforderliche Manövrierfähigkeit. In jedem Gastland werden Konflikte nicht nur seitens der OSZE bewältigt, sondern auch von einigen anderen Staaten, Organisationen und NGOs (vgl. Zellner 2002: 5). Der Beginn von *OSZE-Missionen* war im September 1991, als Albanien sich öffnete „und den Wunsch artikulierte, KSZE-Teilnehmerstaat zu werden“ (Aichinger 2005: 224). Die daraufhin entsendete *Rapporteurmission* war die erste Mission der KSZE (vgl. ebd.). Missionen und Feldaktivitäten „stellen seither den wichtigsten und sichtbarsten Teil der Arbeit der Organisation dar“ (ebd.). OSZE-Operationen und Missionen in den 1990er Jahren waren:

Ehemaliges Jugoslawien:

- Überwachungsmission in Skopje (September 1992) – militärische Komponente;
- Langzeitmissionen Kosovo, Sandschak und Vojvodina (September 1992 bis Juli 1993) – präventive Diplomatie und Krisenmanagement;
- Kosovo-Überprüfungsmission (Oktober 1998 bis März 1999) – militärische Komponente;
- Mission zur Unterstützung der Sanktionen (September 1992 bis Januar 1996);
- Mission in Sarajevo (Juli 1994);
- Mission in Bosnien-Herzegowina (Dezember 1995);

- Mission in Kroatien (Juli 1997);
- OSZE-Mission im Kosovo (Juli 1999) – präventive Diplomatie und Krisenmanagement;
- OSZE-Präsenz in Albanien (März 1997) – präventive Diplomatie und Krisenmanagement (vgl. Vetschera 2000: 148).

Baltikum:

- Mission in Estland (Februar 1993) – präventive Diplomatie;
- Mission in Lettland (April 1993) – präventive Diplomatie;
- Mitwirkung an bilateralen Abkommen: OSZE-Vertreter in der Gemischten Kommission für die Skundra-Radarstation (Juni 1994 bis Ende 1999); OSZE-Vertreter in der Gemischten Kommission der Regierung von Estland (November 1994); OSZE-Vertreter in der Russisch-Lettischen Gemischten Kommission für pensionierte Militärangehörige (Februar 1995) (vgl. Vetschera 200: 149).

Schwarzes Meer:

- Beobachtungsmission in Moldawien (April 1993) – gemischtes Mandat;
- Mission in der Ukraine (Juli 1992)

Kaukasus:

- Beobachtermission in Georgien (Dezember 1992) – gemischtes Mandat;
- Unterstützungsgruppe in Tschetschenien (April 1995) – gemischtes Mandat;
- Persönlicher Repräsentant für den Minsk-Prozess zum Konflikt in Nagorni-Karabach (August 1995); geplante Friedenstruppe in Nagorni-Karabach (Planungsphase seit Mai 1993) – traditionelles *Peacekeeping*;

Zentralasien:

- Mission in Tadschikistan (Februar 1994) – präventive Diplomatie (vgl. Vetschera 2000: 149).

Zudem war die OSZE in den 1990er Jahren in den Bereichen Beobachtung und Mitorganisation von Wahlen bei den Kommunalwahlen in *Jugoslawien* 1996, bei den Präsidentschaftswahlen in *Serbien* 1997 und bei den Kommunalwahlen in *Albanien* 1998 tätig. Während die OSZE sich seit 1994 zu einer strukturierten und institutionalisierten Organisation festigte, wurden 2002 schon 21 unterschiedliche *Feldoperationen* unter ihrer Leitung in Mittel-, Ost- und Südosteuropa, im Kaukasus und in Zentralasien durchgeführt mit etwa 4.400 Personen – 1.100 international, 3.300 lokal (vgl. Zellner 2002: 1). Beinahe 90 Prozent des damaligen OSZE-Gesamtbudgets in der Höhe von 208 Millionen Euro im Jahr 2000 wurde für Feldaktivitäten ausgegeben, jedoch wird der Großteil des internationalen Stabes von den jeweiligen Teilnehmerstaaten bezahlt. 1993 betrug das Gesamtbudget der KSZE lediglich umgerechnet 12 Millionen Euro, nur wenige Dutzend Stabsmitglieder waren in Feldmissionen involviert (vgl. Zellner 2002: 1f). Am 7. Februar 2013 bewilligte der Ständige Rat das OSZE-Budget in Höhe von 144.822.600 Euro gemäß der Entscheidung des Ständigen Rates (PC Decision 1073); das Budget für 2015 betrug 141.107.600 Euro. Die OSZE beschäftigt rund 500 Menschen in den unterschiedlichen Institutionen und an die 2.550 in 18 Feldeinsätzen – in 16 Ländern Südosteuropas, Osteuropas, Kaukasus und Zentralasiens. Das Verhältnis zwischen lokalbeschäftigten und den international eingesetzten Personen, letztere werden von ihren jeweiligen Regierungen bezahlt, liegt bei circa 3:1 (vgl. OSCE 2013c).

Die *Feldmissionen* haben zum Ziel, den Demokratisierungsprozess (wieder)herzustellen, Konflikte zu verhüten und die Rechtsstaatlichkeit voranzutreiben. Es bleiben noch viele Probleme und Konflikte in der OSZE ungelöst: in Moldawien, in Georgien, Nagorni-Karabach und in der Ukraine. Zur Aufnahme von *Peacekeeping-Operationen* in das eigene Aktivitätenprogramm hatte sich die damalige KSZE schon 1992 entschlossen. Ein einziges Mal hatte sich die KSZE auf die Durchführung dieser Aufgabe vorbereitet, nämlich im Fall der Stationierung von friedenserhaltenden Kräften in Nagorni-Karabach, es bleib jedoch bei den Vorbereitungen (vgl. Schneider 2000: 89). Die KSZE erklärte beim Gipfel von Helsinki am 8. Juli 1992 in ihrer Erklärung ihre Zustimmung „on a case-by-case basis, the support of international institutions and organisations such as the EC, NATO, and WEU, as well as other institutions and mechanisms, including the peacekeeping mechanisms of the CIS“ (zitiert in: Hauser 2000a: 300f). Nach Kapitel VIII der Charta der Vereinten Nationen kann die KSZE ein Mandat für Peacekeeping erteilen, am Gipfel von Helsinki erklärte sich die KSZE zur Kapitel VIII-Organisation. In der *OSZE-Charta für Europäische Sicherheit* (OSCE Charter for European Security) aus dem Jahr 1999 verdeutlicht die OSZE ihre Rolle und zielt auf die Entwicklung operativer Fähigkeiten, vor allem im Bereich Peacekeeping, Polizeioperationen und Konfliktprävention (vgl. van Ham 2005: 164).

13. Die Ukraine-Krise und die Rolle der OSZE

Im März 2014 wurde „die Ukraine von ihrem großen Nachbarn Russland dafür ‚bestraft', dass sie sich von ihrem früheren korrupten Präsidenten auf revolutionärem Weg getrennt und dem Westen zugewandt hat. Die Annexion der zur Ukraine gehörenden Halbinsel Krim durch Russland stellt eine schwerwiegende Verletzung des allgemeinen Völkerrechts, bilateraler ukrainisch-russischer Verträge und zentraler Bestimmungen der KSZE dar. Erstmals seit 1945 wurde die Grenze zwischen zwei europäischen Staaten unter Androhung militärischer Gewalt geändert. Damit wurde die im Verlauf von Jahrzehnten geschaffene Friedensordnung infrage gestellt" (Vukovich 2014: 31). „Die völkerrechtswidrige Annexion der Krim durch Russland und der Ausbruch des Kriegs in der Ostukraine haben nicht nur großes Leid über die ukrainische Bevölkerung gebracht, sondern auch sämtliche Prinzipien der Helsinki-Schlussakte verletzt und Europa damit in die schwerste Sicherheitskrise seit Jahrzehnten geworfen", so Österreichs Botschafter bei der OSZE, Christian Strohal (2015: 22f).

Was die separatistischen ostukrainischen Bezirke *Donezk* und *Luhansk* betrifft, einigte sich am 5. September 2014 die *Trilaterale Kontaktgruppe* (Ukraine, OSZE, Russland) in Minsk auf ein *Protokoll* mit zwölf Punkten, das auch von Vertretern der ostukrainischen Separatisten unterzeichnet wurde. Dieses Protokoll beinhaltet einen sofortigen *Waffenstillstand sowie politische Maßnahmen zur Beilegung des Konflikts*, inklusive eines befristeten *Sonderstatus* für Teile der Bezirke Donezk und Luhansk. Der OSZE fällt die Rolle zu, diese Vereinbarungen zu überwachen und zu überprüfen (vgl. ZIF 2014: 1). Zur Konkretisierung schloss diese Kontaktgruppe am 19. September 2014 ein *Memorandum* mit neun Punkten ab. Kern dieser Vereinbarung ist die Schaffung einer 30 Kilometer breiten *Sicherheitszone* beiderseits der bestehenden *Kontaktlinie* der Konfliktparteien. Alle ausländischen bewaffneten Kräfte, militärisches Gerät sowie Kämpfer und Söldner sind aus der Ukraine abzuziehen. Die Sicherheitszone und der vereinbarte Abzug sind von der OSZE zu überwachen, dazu kann sie auch unbemannte Überwachungsdrohnen einsetzen. Das Minsker Protokoll und das Memorandum haben zu einer wesentlichen Ausweitung des ursprünglichen Mandats der *Special Monitoring Mission* geführt. Im Oktober ist zudem in Debalzewe ein *Gemeinsames Kontroll- und Koordinationszentrum* (Joint Center on Control and Coordination) eingerichtet worden, das von Vertretern der Trilateralen Kontaktgruppe betrieben wird. Entlang der Kontaktlinie unterhält das Zentrum ein Netz von *Field Offices* (vgl. Zentrum für Internationale Friedenseinsätze 2014: 1f). Im *Normandie-Format* einigten sich am 12. Februar 2015 Deutschlands Bundeskanzlerin Angela Merkel sowie die Präsidenten François Hollande (Frankreich), Vladimir Putin (Russland) sowie Petro Poroschenko

(Ukraine) über die Implementierung des Minsker Übereinkommens. Am 12. März 2015 entschied der Ständige Rat der OSZE, das Mandat für die SMM um weitere zwölf Monate auszuweiten – bis 31. März 2016. Zudem soll die Zahl der Beobachter auf bis zu 1.000 – wenn notwendig – erhöht werden. Mit Stichtag 17. Juni 2015 befanden sich 771 Personen der SMM in der Ukraine, davon 483 internationale Beobachter von mehr als 40 OSZE-Teilnehmerstaaten (vgl. OSCE 2015a: 7).

Die OSZE hat durch den Ukraine-Konflikt „eine bedeutende Aufwertung erfahren" (Zentrum für Internationale Friedenseinsätze 2014: 1). Bis 2013 war die OSZE nur mit einem Projektbüro in der Ukraine präsent. Unter dem Schweizer Vorsitz hatte die OSZE 2014 aufgrund der Annexion der Krim durch Russland intensive *politische Vermittlungsbemühungen* eingeleitet, so koordinierte zunächst als persönlicher Gesandter des Vorsitzenden Botschafter Tim Guldimann seit Februar 2014 die OSZE-Aktivitäten. Wichtigstes Vermittlungsinstrument wurde die im Mai 2014 ins Leben gerufene *Trilaterale Kontaktgruppe* (Tripartite Contact Group) bestehend aus den Repräsentanten der Ukraine, Russlands und der OSZE. Repräsentantin der OSZE war zunächst bis Juni 2015 die Schweizer Diplomatin Heidi Tagliavini. Zu den Mediationsbemühungen der OSZE gehörte auch eine Serie von *Runden Tischen des Nationalen Dialogs* im März und April 2014 (vgl. ebd.). 2014 wurden folgende zwei OSZE-Missionen in der Ukraine beschlossen: die *Special Monitoring Mission* ab März 2014 und die *Monitoring Mission Gukovo und Donezk* ab Juli 2014. Letztere beobachtet mit 16 zivilen Beobachtern den Verkehr an den russisch-ukrainischen Grenzübergängen Gukovo und Donezk, diese ist auf russischem Territorium stationiert (vgl. ebd.). Die Beobachter konnten jedoch nur einen Kilometer des rund 200 Kilometer langen Grenzabschnitts im Konfliktgebiet überwachen (vgl. Zentrum für Internationale Friedenseinsätze 2014: 2). Auf Einladung der ukrainischen Regierung fanden seitens der OSZE eine *Mission zur Bewertung der Menschenrechte* im Frühjahr 2014 sowie seitens des BDIMR *Wahlbeobachtermissionen* zu den Präsidentschaftswahlen am 25. Mai und den Parlamentswahlen am 26. Oktober 2014 statt. Unter dem *Wiener Dokument 2011* wurden zudem mehrere militärische Verifikationsmissionen durchgeführt (vgl. ZIF 2014: 1).

Der Ständige Rat beschloss während einer Sondersitzung am 21. März 2014, innerhalb von 24 Stunden eine zivile *Special Monitoring Mission* mit zunächst 100 Personen einzurichten (vgl. ebd.; OSCE 2014a). Die SMM hat ihren Sitz in Kiew und Beobachterteams in den Gebieten Iwano-Frankiwsk, Lwiw sowie Tschernowitz (Westukraine) und Cherson, Donezk, Dnipropetrowsk, Luhansk und Odessa (Süd- und Ostukraine). Auftrag der SMM ist es, durch ihre Präsenz Spannungen abzubauen und durch objektive Lageberichte zur Stabilisierung in der Ukraine beizutragen. Mit dem *Waffenstillstandsabkommen* von Minsk im September 2014 kam zudem dessen *Überwachung* seitens der SMM hinzu (vgl. ZIF 2014: 1). Verstärkt spielen diese Experten eine relevante Rolle bei der Vereinbarung von lokalen Waffenstillständen, der Instandsetzung und Erneuerung lokaler Infrastruktur und der „Linderung humanitärer Tragödien" (Strohal 2015: 23). Nach dem Abschuss des *Malaysia Airlines MH-17-Fluges* von Amsterdam nach Kuala Lumpur über dem ukrainischen Konfliktgebiet am 17. Juli 2014, der 298 Menschen das Leben kostete, waren Teilnehmer der SMM die ersten, die auf internationaler Ebene Zugang zur Absturzstelle hatten. So hatten ukrainische, malaysische, niederländische und australische Experten die Möglichkeit, Absturzopfer zu bergen und vor Ort Untersuchungen einzuleiten (vgl. OSCE 2015c: 12).

Unter dem Schweizer OSZE-Vorsitz 2014 vermittelte die OSZE vor allem mit dem Ziel *Waffenstillstand* und *Konfliktlösung*: Ergebnis war am 5. September 2014 das *Minsker Protokoll*. Im Minsker Memorandum vom 19. September 2014 kamen die Kontaktgruppe und die Vertreter jener Sezessionsbezirke der Regionen Donetsk und Luhansk überein, einen nachhaltigen Waffenstillstand anzustreben. Der österreichische Diplomat Martin Sajdik ist seit Juni 2015 im Auftrag der OSZE als deren Sondergesandter in der Trilateralen Kontaktgruppe aktiv. Aufgabe dieser Gruppe ist die Umsetzung der Inhalte des *Abkommens von Minsk* (Minsk II, Februar 2015). Dabei geht es neben der Einhaltung der Waffenruhe um politische Agenden (Wahlen, Verfassungsreform) und die Verbesserung der humanitären Lage vor Ort (vgl. Sommerbauer 2015b: 2).

Im Zuge der Präsidentenwahlen in der Ukraine am 26. Mai 2014 entsendete die OSZE mehr als 700 Beobachter. Zwischen 1. Mai und November 2014 führten 18 Teilnehmerstaaten zwölf Überprüfungskommissionen in der Ukraine auf der Grundlage des *Wiener Dokuments* (militärische Vertrauens- und Sicherheitsbildende Maßnahmen) von 2011 durch. Mit 27. Mai 2015 gab es nach Angaben des Ministeriums für Sozialpolitik der Ukraine 1.315.600 *interne Vertriebene* in der Ukraine (vgl. Hofbauer/Froese 2015: 9). Aufgrund der Information seitens der OSZE-Spezialbeobachtungsmission in der Ukraine konnten Feldoffiziere des Flüchtlingshilfswerks der Vereinten Nationen (UNHCR) in die Lage versetzt werden, den betroffenen Personen gezielte Unterstützung und Schutz zukommen zu lassen (vgl. Hofbauer/Froese 2015: 11). Im Juli 2014 wurde zwischen dem UNHCR und der OSZE diesbezüglich ein Übereinkommen über Koordination und Informationsaustausch unterzeichnete, das auf dem *Memorandum of Understanding* aus 1998 zur Stärkung der Zusammenarbeit zwischen beiden Organisationen aufbaut (vgl. ebd.). 2013 wurde seitens des UNHCR und dem *OSCE Conflict Prevention Centre* gemeinsam eine *Protection Checklist* entwickelt:

> „This practical guidebook was designed to help OSCE field staff recognise vulnerabilities of displaced populations and take action action in co-operation with specialised agencies like UNHCR" (ebd.).

Alle OSZE-Beobachter erhielten jeweils ein Exemplar des Buches, das Buch wurde auch auf Russisch übersetzt (vgl. ebd.).

Die Ausbildung der OSZE-Monitore für die *Special Monitoring Mission to Ukraine* (SMMU) ist eines der wichtigsten Vorhaben im Österreichischen Bundesheer. Bis Mitte Dezember 2014 wurden rund 100 internationale Beobachter durch das *Austrian Armed Forces International Centre* (AUTINT) in Götzendorf gemeinsam mit der OSZE auf ihre Aufgaben in der Ukraine vorbereitet:

„Oberstes Ziel der Ausbildung ist es, die Sicherheit der neutralen Beobachter zu erhöhen, indem sie Gefahrenpotenziale rechtzeitig erkennen und richtig damit umgehen können", erklärte der Kommandant der AUTINT, Oberst Claus Amon (Gekle 2014: 3).

Dazu gehört auch das Trainieren des Verhaltens „bei einem aggressiven Checkpoint" oder bei einer Geiselnahme oder „Verhalten unter Bedrohung von Minen und Kampfmitteln" (ebd.). Das AUTINT kann auf eine jahrelange Erfahrung in der Ausbildung von Militärbeobachtern zurückblicken.

Die *Bewegungsfreiheit* in der OSZE-Beobachtermission bleibt, so der Vizechef der OSZE-Beobachtermission in der Ukraine, der Schweizer Alexander Hug, weiterhin eingeschränkt, „etwa an der Grenze zwischen der Ukraine und der Russischen Föderation im Gebiet Luhansk. Dort bekommen wir systematisch keinen Zugang, es handelt sich um einen Grenzstreifen von 5–10 Kilometer Breite" (Sommerbauer 2015a: 4). Die Abweisung der OSZE-Beobachter erfolgt sogar unter Androhung von Waffengewalt:

„Wenn ihr weitergeht, wird geschossen. Oder es wird behauptet, dass wir ein bestimmtes Papier benötigen – was nicht stimmt, denn wir haben Zugang ohne spezielle Autorisierung. Auf Nachfrage in Luhansk hieß es, das müsse auf höchster Ebene entschieden werden, bei Mr. Plotnitskij – dem ‚Präsidenten' der ‚Luhansker Volksrepublik'" (ebd.).

Auf die Frage, was gegen diese Behinderung unternommen werden könnte, antwortete Hug: „Wir können nicht viel deutlicher werden als sagen: Uns wird der Zugang systematisch verwehrt" (ebd.). Dennoch möchte Hug die Ukraine-Mission der OSZE nicht als *Mission impossible* verstanden wissen:

„Man muss verstehen, dass Waffenstillstandsvereinbarungen dieser Größe nicht über Nacht Frieden bringen. Es braucht Zeit, bis beide Seiten Vertrauen gewinnen. Wenn man heute mit Anfang Februar vergleicht, so hat es eine Befriedung gegeben" (ebd.).

Die OSZE ist ausschließlich auf den *Beobachterstatus* reduziert und kann somit keinen Frieden erzwingen. Der Konflikt im Osten der Ukraine hat, so Hug, „immer schon an bestimmten Brennpunkten gewütet. Es gab nie eine hunderte Kilometer lange Frontlinie. Die Konfliktherde entstehen dort, wo sich die Konfliktpartner zu nahe kommen. Ein Schuss führt zum nächsten: Es fängt mit Schusswaffen an, geht über zu Mörsern, dann folgen schwere Waffen" (Sommerbauer 2015a: 5). Zudem gibt es folgende Situationen:

„In Awdiiwka sind wir auf einen Kommandanten des ‚Rechten Sektors' gestoßen, der uns den Zugang zu einem Beobachtungsposten verwehrt hat, obwohl wir mit ukrainischen Militärvertretern unterwegs waren! Auf Donezker Seite wurde mir einmal von höchster

Stelle versichert, dass ich nach Schirokine fahren könne. Aber der lokale Kommandant macht, was er will. Wenn ich ihm sage, die [Donezker Politiker, G.H.] Denis Puschilin, Andrej Purgin und Eduard Basurin haben mir ihr Okay gegeben, lacht er nur!" (Sommerbauer 2015a: 4).

Der *Chairperson-in-Office* der OSZE für 2015, Außenminister Ivica Dačić, umschrieb die Lage im Osten der Ukraine wie folgt:

„The situation in eastern Ukraine continues to be highly complex, having a negative impact also on the broader context of European and global security" (Security Community 2014: 8).

14. Der Streitfall VKSE

Für Russland ist der 1990 in Paris zwischen den 22 Staaten der NATO und des damaligen Warschauer Paktes unterzeichneter *Vertrag für konventionelle Streitkräfte in Europa* obsolet geworden. Die früheren Staaten des Warschauer Paktes in Mittel- und Südosteuropa sind heute alle NATO-Mitglieder, und der 1999 ausverhandelte adaptierte VKSE ist von den NATO-Staaten nie ratifiziert worden. Für Russland war es wichtig, dass eine Stationierung von NATO-Truppen auf den Territorien zukünftiger Mitgliedstaaten des Bündnisses in Mittel- und Osteuropa ausgeschlossen bleibt (vgl. Kunz 2010: 13). Die *Erweiterung der NATO* in Richtung Russland sowie das von den USA forcierte *Raketenabwehrprogramm* in Europa bedroht aus Sicht des russischen Präsidenten Wladimir Putin die Sicherheitsinteressen seines Landes. Auf Antrag Russlands fand zwischen 11. und 15. Juni 2007 eine Krisenkonferenz zur Rettung des VKSE in der Wiener Hofburg statt (vgl. Hauser 2009: 91). Der VKSE – 1992 in Kraft getreten – sieht Obergrenzen für konventionelle Truppen in Europa in folgenden Kategorien vor: Kampfhubschrauber, gepanzerte Fahrzeuge, Panzer, Kampfflugzeuge und Artillerieeinheiten. 1999 erfolgte die aufgrund der veränderten Sicherheitslage nach der Auflösung der Warschauer Vertragsorganisation und der Erweiterung der NATO notwendig gewordene Überarbeitung des VKSE, danach in Istanbul die Unterzeichnung des *adaptierten VKSE* (vgl. ebd.). Im erneuerten VKSE wurde das sogenannte *Gruppenprinzip* aufgegeben, also die Orientierung der Obergrenzen an die NATO und den Warschauer Pakt. Stattdessen wurde ein *System regionaler Stabilität* eingeführt, das für bestimmte Regionen neben den nationalen Obergrenzen Gesamtobergrenzen vorsieht, damit ein Land nicht seinen gesamten zulässigen Bestand in eine bestimmte Gegend verlegen kann. Für militärische Übungen und Krisensituationen wurde eine gewisse Flexibilität zugestanden, jedoch nur für eine bestimmte Zeit (vgl. ebd.).

1999 erklärte bereits der damalige Präsident Russlands, Boris Jelzin, dass Russland auf unbestimmte Zeit für den Bereich des *Kaukasus* den VKSE nicht einhalten könne, da insbesondere der Konflikt um Tschetschenien eine militärische Präsenz erfordere, die über die zugestandenen Quoten und Flexibilitäten hinausgehe (vgl. ebd.). Insbesondere waren russische Militärs mit dem erneuerten VKSE unzufrieden, weil dieser Vertrag eine stärkere Truppenkonzentration an den Grenzen Russlands – vor allem im Westen und Süden – verhindert (vgl. Hauser 2009: 91f.). Zudem wurde mit dem adaptierten VKSE ebenso vereinbart, wie sich Russland aus *Moldawien* und *Georgien* zurückziehen solle – beide Vereinbarungen erfüllte Russland bis heute nicht. Russland hatte dennoch den erneuerten VKSE im Juli 2004 ratifiziert (vgl. Hauser 2009: 92).

Politisch ist der VKSE aus zwei Gründen relevant: Der VKSE enthält erstens sehr weitgehende *Verifikationsregeln*. Jedes Land muss sehr umfangreiche Inspektionen anderer Länder zulassen. Davon wurde regelmäßig Gebrauch gemacht. Dadurch wurde auch bekannt, wie Russland seine Vertragsverpflichtungen nicht erfüllt. Der VKSE besitzt zweitens ebenso einen Wert in den *Regionalregelungen*, das betrifft vor allem jene Länder, in deren Grenzen sich Regionalkonflikte militärisch entladen (vgl. ebd.).

Einige europäische Staaten hatten wegen des Verhaltens Russlands den adaptierten VKSE nicht ratifiziert. Sie halten ihn jedoch ein und praktizieren ihn, insbesondere die Verifikationsregeln (vgl. ebd.). Die NATO bestand stets auf ihrer Vorbedingung für die Ratifizierung des überarbeiteten VKSE – dem vollständigen Abzug russischer Truppen aus Georgien und Moldawien. Russland hatte bis Anfang 2008 zwar drei von vier Militärbasen in Georgien geräumt. Laut Aussagen der russischen Führung erfolgte auch die Räumung des vierten Stützpunktes, die georgische Regierung bestritt dies jedoch (vgl. ebd.). 2008 förderte Moskau nach dem Einmarsch russischer Truppen in Georgien die Abspaltung der georgischen Provinzen *Abchasien* und *Südossetien* und erkennt die beiden abtrünnigen Landesteile seither als unabhängige Staaten an. Ein weiteres Problem stellt die russische Truppenstationierung in *Transnistrien* dar. Das Gebiet gehört zu Moldawien, wird jedoch – mit russischer Hilfe – von Separatisten kontrolliert. Transnistrien erklärte seine Unabhängigkeit von Moldawien im Jahr 1990; 1992 ereignete sich dort ein militärisch ausgetragener Konflikt (vgl. Herszenhorn 2014: 3). Nach Auffassung Russlands sind die noch circa 1.500 in Transnistrien stationierten russischen Soldaten *Friedenstruppen*, das neutrale Moldawien fordert aber deren Abzug. Seitens der USA wurde an Russland der Vorschlag gemacht, die *Friedenstruppe* in Transnistrien zu internationalisieren. Die russische Führung war jedoch strikt dagegen, dass auch NATO-Soldaten in Transnistrien den Frieden sichern sollten. Auf einem Sondertreffen in Wien kam es schließlich zu keiner Übereinstimmung zwischen der NATO und Russland (vgl. Hauser 2009: 93).

Bis Juli 2008 hätte die NATO aus russischer Sicht damit beginnen müssen, den adaptierten VKSE zumindest vorläufig anzuwenden. Zudem müsste demnach die Anzahl konventioneller Waffen der NATO weiter gesenkt werden – als Ausgleich dafür, dass das Bündnis durch die NATO-Erweiterung über zusätzliches Kriegsmaterial verfügt. Am 12. Dezember 2007 *suspendierte* Russland schließlich seine Verpflichtungen aus dem VKSE. Russland wurde seitens der NATO aufgerufen, diese *Suspendierung* aus dem VKSE zu beenden, Russland begründete jedoch die *Suspendierung* des adaptierten VKSE mit seiner Meinung nach „divorce from reality“ (Lachowski 2009: 1). Zugleich sicherte Russland den anderen Teilnehmerstaaten zu, dass es nicht plante, schwere Waffen entlang seiner Grenzen aufzubauen und zu konzentrieren (vgl. ebd.).

15. Der Gipfel von Astana und der *+40-Prozess*

Erstmals nach Istanbul im Jahr 1999 fand unter dem kasachischen OSZE-Vorsitz wieder ein Gipfel der Staats- und Regierungschefs statt – am 1. und 2. Dezember 2010 in Astana. Die Schlusserklärung von Astana war „derart allgemein gehalten, dass sie im Wesentlichen nur die Grundprinzipien der 1975 ins Leben gerufenen Institution bestätigt“; gleichwohl sprach der Präsident von Kasachstan und Gipfelvorsitzende Nursultan Nasarbajew von einem „sehr wichtigen historischen Ereignis“ (Ackeret 2010: 3). Ein Aktionsplan, der die OSZE „mit neuem Schwung und erneuerter Bedeutung ausgestattet hätte, scheiterte an den grundsätzlichen Differenzen der Mitgliedstaaten“ (ebd.). Die Klage über den *Bedeutungsverlust* der OSZE war in Astana oft zu hören, eine Abkehr vom *Einstimmigkeitsprinzip* würde eine schnellere Reaktion der OSZE auf Krisen ermöglichen. *Demokratiepolitische Inhalte* der OSZE wie die Stärkung der Medienfreiheit in Russland, Weißrussland und Zentralasien sowie die Entsendung von Wahlbeobachtern sind innerhalb der OSZE umstritten (vgl. Sommerbauer 2010:10). Insbesondere Russland „empfindet die Betonung der Menschenrechte mitunter als ungerechtfertigte Einmischungsversuche des Westens“ (ebd.). Die Reaktion der OSZE in der Kirgisien-Krise 2010 war dürftig: „Ein halbes Jahr nach den ethnischen Unruhen im Süden des Landes kam man erst vor Kurzem überein, eine 30 Mann starke Polizeimission zu entsenden“ (ebd.).

In der OSZE regiert das Prinzip der Einstimmigkeit, „um Formulierungen wird stets erbittert gefeilscht“, erklärte die Sprecherin der OSZE, Susanne Lööf: „Jedes Wort hat eine Bedeutung [...] Es kommt vor, dass stundenlang um das Wörtchen ‚und‘ gestritten wird“ (ebd.). Die mit der Ausarbeitung der Schlusserklärung von Astana betrauten Diplomaten hatten „seit mehr als seiner Woche um Kompromisse gerungen“ und hatten „bis Mittwoch sieben Versionen erarbeitet“ (Ackeret 2010: 3). Markus Ackeret, Jounalist der *Neuen Zürcher Zeitung*, kommentierte die Differenzen in der OSZE wie folgt:

> „Der alte Konflikt zwischen zahlreichen postsowjetischen Staaten, die den zuletzt stark auf Menschenrechte, freie Wahlen und Medienfreiheit ausgerichteten Charakter der Organisation als zu einseitig kritisieren, und der transatlantischen Seite, die den Vorschlägen für eine Transformation der OSZE in eine umfassende Sicherheitsorganisation skeptisch gegenübersteht, ließ sich am Gipfel nicht lösen“ (ebd.).

Hauptstreitpunkt war die Frage der *Konfliktbewältigung* auf dem Gebiet der OSZE. Hier brachen die Konfliktlinien des Georgien-Krieges 2008 wieder hervor. Russland weigerte sich nach wie vor, die territoriale Integrität Georgiens anzuerkennen und eine Erklärung mitzutragen, in der die Konflikte am Südkaukasus ohne Nennung Abchasiens und Südossetiens als unabhängige Staaten dargestellt worden wären (ebd.). Russland schob die Schuld für das

Fehlen eines Aktionsplanes in der abschließenden Plenarversammlung „ideologischen Zugängen“ einiger Teilnehmerstaaten zu (ebd.). Die USA sowie die EU-Staaten hoben dagegen „explizit Georgien, Transnistrien und Nagorni-Karabach hervor und wiederholten ihre Sichtweise. Vor dem Gipfel waren Hoffnungen geweckt worden, dass neue Bewegung in die Lösung der dortigen Konflikte kommen könnte“ (ebd.). Der kasachischen OSZE-Präsidentschaft gelang es somit nicht, „sich als Vermittlerin in Szene zu setzen“ (ebd.).

Ebenso gab es auf dem Gebiet der *Rüstungskontrolle* in Europa keine merkbaren Fortschritte: „Wenngleich der Gipfel mit großer Bedeutungsschwere ausgestattet war, ist sein Ergebnis mager“ (ebd.). Obwohl das Ergebnis des Gipfels von Astana besonders von der kasachischen Führung als großes Ergebnis gefeiert wurde, bedauerte Österreichs Bundespräsident Heinz Fischer, dass die Erklärung von Astana lediglich ein *Minimalkonsens* sei (vgl. Kirchengast 2010: 6). Zumindest seien die Werte der OSZE, so Fischer, erneut bekräftigt worden, also: „Gewaltanwendung in der Politik darf keine Zukunft haben“ (ebd.). Die OSZE als *transatlantisch-eurasische Plattform für Fragen der Sicherheit und Freiheit* ist heute notwendiger als je zuvor. Zusammenfassend können die wesentlichen Aussagen des Gipfels von Astana aus dem Gipfeldokument wie folgt im Original dargelegt werden (OSCE 2010c):

- „The security of each participating State is inseparably linked to that of all others. […] Each participating State has an equal right to security. We reaffirm the inherent right of each and every participating State to be free to choose or change its security arrangements, including treaties of alliance, as they evolve. […] Each State also has the right to neutrality.“ (Punkt 3)
- „Convinced that the inherent dignity of the individual is at the core of comprehensive security, we reiterate that human rights and fundamental freedoms are inalienable, and that their protection and promotion is our first responsibility.“ (Punkt 6)
- „Serious threats and challenges remain. Mistrust and divergent security perceptions must be overcome.“ (Punkt 7)
- „Conventional arms control and confidence- and security-building regimes remain major instruments for ensuring military stability, predictability and transparency […].“ (Punkt 8)

Im Dezember 2012 nahm der *OSZE-Ministerrat* von Dublin eine Entscheidung zur Initiierung des *Helsinki +40-Prozesses* an. Dieser Prozess sollte als Maßnahme zur Stärkung der Kooperation innerhalb der OSZE auf dem Weg in das Jahr 2015, dem 40. Jahrestag der Unterzeichnung der Schlussakte von Helsinki, dienen. Dieser Empfehlung folgte auch die Parlamentarische Versammlung der OSZE, die den *Helsinki +40-Prozess* im September 2013 einleitete (vgl. Oliver/Chepurina 2015: 21). In diesem Kontext stellt das Einstimmigkeitsprinzip bei der Entscheidungsfindung innerhalb der OSZE eine große Hürde dar, um angemessen auf Krisen und Konflikte reagieren zu können, so zum Beispiel im Fall der Ukraine-Krise:

> „The OSCE is more necessary than ever and it has proven, during this crisis, that over the years it has developed a wide array of instruments to address crisis situations, although the use of these instruments has been significantly weakened by the consensus requirement in the Permanent Council. [...] However, while temporarily increasing the visibility of the OSCE, the crisis has also highlighted its weakness, such as insufficiency of effective tools, limited mandate and lengthy decision-making procedures. The existing OSCE conflict prevention mechanisms failed to prevent and counter the crisis from the outset" (ebd.)

Verschiedene Reformvorschläge könnten die Effektivität der Organisation erhöhen: OSZE-Institutionen müssten unabhängiger werden unter *Reduktion des Einstimmigkeitsprinzips* im Ständigen Rat. Im Fall von *Factfinding-Missionen* und *Mediationsmissionen* könnte ebenso die Parlamentarische Versammlung für Mandate herangezogen werden (vgl. ebd.). Das *Konfliktverhütungszentrum* könnte zum Beispiel durch die Schaffung einer *zivilen schnellen Reaktionsfähigkeit* – einem Pool von Militärexperten, die verfügbar sind, um innerhalb kurzer Zeit als Teil von Zivilmissionen verlegbar zu sein – gestärkt werden (vgl. ebd.). Die wichtigste Aufgabe für die OSZE ist das Hinarbeiten auf eine *politische Lösung der Ukraine-Krise* auf der Grundlage des Respekts der Souveränität und territorialen Integrität des Landes basierend auf den Prinzipien des Dekalogs von Helsinki. Ohne dieses Unterfangen kann ein *gegenseitiges Vertrauen* in der OSZE nicht wiederhergestellt werden. Es liegt im Interesse aller Teilnehmerstaaten der OSZE, einen weiteren ähnlichen Konflikt in diesem Raum zu verhindern:

> „Everything should also be done to ensure that Ukraine does not become a new Berlin wall separating Russia and the West" (ebd.).

Aus diesem Grund wurde beim Ministerrat von Basel Anfang Dezember 2014 entschieden, ein *Panel of Eminent Persons* einzurichten. Dieses Panel ist beauftragt im gegenwärtigen Klima des tiefen Misstrauens unter den OSZE-Teilnehmerstaaten, die Zukunft der europäischen Sicherheit zu durchdenken.

16. Ausblick

Die *KSZE-Schlussakte* hatte insgesamt „eine neue Dimension in der Überwindung des Ost-West-Gegensatzes eingeleitet“ (Strohal 2015: 22) und „war für viele Menschen in den Sowjetsphären eine Frohbotschaft und führte letztlich zur Wende 1989“ (Vukovich 2014: 30). „Während in der Sowjetunion Gorbatschows systemimmanente Reformen von oben ausgegangen waren und im Wesentlichen nur von liberalen Intellektuellen unterstützt wurden, wurden die demokratischen Revolutionen in den osteuropäischen Staaten von breiten Bevölkerungsschichten herbeigeführt. In der Charta von Paris für ein Neues Europa aus 1990 heißt es dazu: ‚Durch den Mut von Männern und Frauen, die Willensstärke der Völker und die Kraft der Ideen der Schlussakte von Helsinki bricht in Europa ein neues Zeitalter der Demokratie, des Friedens und der Einheit an.‘“ (Vukovich 2014: 30f).

Die KSZE/OSZE unterstützte nach 1989 *Transformationsprozesse* „im post-kommunistischen Raum“ (Strohal 2015: 22). Feldmissionen und Institutionen – das OSZE-Büro für demokratische Institutionen und Menschenrechte, der Hochkommissar für nationale Minderheiten und die Vertreterin für Medienfreiheit – „haben, bei aller Unausgewogenheit der bisherigen Ergebnisse, wesentlich zur Überwindung bewaffneter Konflikte, zur besseren Absicherung demokratischer und menschenrechtlicher Prinzipien und zu einem effektiveren Minderheitenschutz beigetragen. In Kooperation mit UNO, EU und Europarat wurde damit ein breitgefächertes Angebot an Unterstützungsmaßnahmen für Reformprozesse und ein dichtes Informationsgeschehen geschaffen, das Erfolge wie Defizite an die Politik rückkoppelt“ (ebd.). Mit den regelmäßigen Treffen des *Ständigen Rats* und des *Forums für Sicherheitszusammenarbeit* in Wien bietet die OSZE relevante Gremien für den Austausch von Informationen, die Einbindung von jeweiligen Experten und diplomatische Verhandlungen (vgl. Strohal 2015: 23).

Beim Budapester Gipfel 1994 wurde die KSZE in die OSZE umgewandelt: „Ihre Effekte waren jedoch mit Blick auf die Kosovo- (1998/99), Georgien- (2008) und Ukraine-Krise (seit 2014) nur bescheiden. Gewaltmaßnahmen und kriegerische Auseinandersetzungen konnten nicht mehr verhindert werden“ (Gehler 2015: 26). Ein Versuch, die OSZE zu modernisieren, wurde Ende 2014 unternommen: der OSZE-Ministerrat beauftragte ein *Panel of Eminent Persons*, die Effizienz der OSZE im Zeichen eines sich transformierenden Europas zu überprüfen.

Nach dem russisch-georgischen Krieg 2008 leitete die OSZE unter griechischem Vorsitz den *Korfu-Prozess* ein – eine Reihe von informellen Diskussionen mit dem Ziel, *Vertrauen* zwischen den teilnehmenden Staaten wieder aufzubauen. Dieser *Korfu-Prozess* mündete in den Gipfel von Astana im Jahr 2010, bei welchem sich die Teilnehmerstaaten für die Vision einer

Sicherheitsgemeinschaft aussprachen, die sich von Vancouver bis Wladiwostok erstreckt „rooted in agreed principles, shared commitments and common goals“ (Tanner 2015: 29). In diesem Kontext erreichte ein vorgeschlagener Aktionsrahmen (Framework for Action), der einen Reformmaßnahmenkatalog beinhaltete, jedoch keinen Konsens (vgl. ebd.). Die Reformagenda mündete jedoch in die sogenannten *V-to-V Dialogues*[2] unter dem litauischen Vorsitz 2011. Ende 2012 erfolgte dann der *Helsinki +40-Prozess*. Letzterer Prozess wurde jedoch durch die Ukraine-Krise abrupt unterbrochen (vgl. ebd.). Diese Krise führte die OSZE sogar in eine Existenzkrise, „threatening its role as legitimate guardian of European security“ (ebd.).

Der damalige Vorsitz, Außenminister Didier Burkhalter (Schweiz), begründete deshalb den *Panel of Eminent Persons on European Security as a Common Project* während des Ministerrates in Basel im Dezember 2014 (vgl. ebd.). Dahinter stand die Idee, eine Grundlage für einen konstruktiven OSZE-weiten *Sicherheitsdialog* vorzubereiten, „taking into consideration the Ukraine crisis in its broader perspective as well as other developments in the OSCE area where participating States consider their security to be threatened“ (ebd.). Das Panel wurde beauftragt, zu eruieren, wie in der derzeitigen Sicherheitslage in Europa auf der Grundlage der *Schlussakte von Helsinki aus 1975* und der *Charta von Paris für ein Neues Europa aus 1990* Vertrauen in Europa wiederhergestellt werden könne (vgl. ebd.). Dieses Panel untersucht auch gegenwärtige Bedrohungen im OSZE-Bereich ebenso wie mögliche gemeinsame Antworten auf Bedrohungen. Zudem wurde das Panel beauftragt, die Rolle der OSZE in den eurasischen und in der euro-atlantischen Sicherheitszone zu untersuchen sowie ihre Rolle bei der Konfliktverhütung, einschließlich der Ukraine-Krise, zu erörtern (vgl. Tanner 2015: 30). Dem Panel sitzt der deutsche Diplomat Wolfgang Ischinger vor, der auch die Münchner Sicherheitskonferenz leitet, es besteht aus 15 Mitgliedern. Das *OSCE Network of Think Tanks and Academic Institutions* beteiligt sich an diesem Prozess der *Lessons Learned* aus der Ukraine-Krise und den praktischen Empfehlungen und Aktionspunkten für politische Entscheidungsfindung mit Forschungs- und Positionspapieren (vgl. ebd.).

Die OSZE hat sich zu einer Organisation entwickelt, in der vom Grenzschutz in Zentralasien, von der Bekämpfung des Terrorismus im Kosovo und in Kirgisien, der Vernichtung von giftigem Raketentreibstoff in der Ukraine im Vorfeld der Europäischen Fußballmeisterschaft 2012, der Vernichtung von Antipersonenminen und Klein- und Leichtwaffen bis zur Unterstützung bei der Bekämpfung des illegalen Drogenhandels in Usbekistan unterschiedlichste Bereiche der *Sicherheitspolitik* behandelt werden. Weitere Aufgaben der OSZE reichen von Versuchen der *Konfliktlösung* in Transnistrien, Berg-

2 Informales Dialogformat im Geiste des Korfu-Prozesses zu Fragen der euro-atlantischen und eurasischen Sicherheit, wobei *V-to-V* für *Vancouver to Vladivostok via Vienna and Vilnius* steht (OSCE 2015d).

Karabach bis Südossetien bis zur Realisierung von Projekten, die der *persönlichen Sicherheit* dienen – vom Zugang zu Trinkwasser und Trinkwassermanagement wie z.B. in Kasachstan, zu Bildungseinrichtungen und der Ermöglichung von freien Wahlen. Weitere Themen sind Rechtsstaatlichkeit, Gleichbehandlung beider Geschlechter und Antidiskriminierung genauso wie *Cyber Crime*, Terrorismus (beinhaltend die Sicherheit von Reisepapieren, die Ausbildung des Grenzschutzes, die Bekämpfung von Extremismus im Internet, die Finanzierung von Terroristen und den Schutz kritischer Infrastruktur vor terroristischen Angriffen), Schmuggel, Korruption und Migration sowie in diesem Kontext der *Aufbau von dauerhaften Partnerschaften* mit Organisationen wie der VN oder auch der Europäischen Union und mit den Partnern des südlichen Mittelmeerraumes und Asiens (vgl. Zannier 2015: 16).

Die OSZE ist heute „unverzichtbar in der Entschärfung der verbleibenden Krisen in Europa und vor allem im Umgang mit dem Ukraine-Konflikt“ (Strohal 2015: 22). Jedoch hängt ihr „dauerhafter Erfolg in Krisenmanagement und Konfliktlösung […] vom politischen Willen aller 57 Mitglieder ab“ (ebd.). „Was zählt, sind nicht die Versprechen die wir machen, sondern die Versprechen die wir einlösen“, betonte der damalige US-Präsident Gerald Ford bei der Unterzeichnung der KSZE-Schlussakte (ebd.). Der ehemalige Hohe Beauftragte für Nationale Minderheiten, Max van der Stoel, unterstrich die Notwendigkeit von Konfliktverhütung wie folgt:

> „[…] capital invested in conflict prevention (and it is with intention that I say ‚invested‘ and not merely ‚spent‘) is capital well and meaningfully invested. Conflict prevention, after all, is cheaper than peacekeeping measures, which, in turn are cheaper than war“ (Zellner 2002: 7).

In diesem Zusammenhang hat sich die OSZE „in mehrfacher Hinsicht als typische Einrichtung kooperativer Sicherheitspolitik erwiesen“ (Vetschera 2000: 95). Der Ansatz dieser *kooperativen Sicherheitspolitik* bezweckt insbesondere, „gemeinsam auch mit potentiellen Gegenspielern Lösungen für sicherheitspolitische Fragen zu finden“ (Vetschera 2000: 100). Kooperative Sicherheitspolitik soll in der Folge „nicht abschrecken, sondern durch Zusammenarbeit das Entstehen von Konflikten minimieren oder zumindest verhindern, dass politische Streitfälle in militärische Konflikte umschlagen könnten. Ihr Schwergewicht liegt auf der Verbesserung der Vorhersehbarkeit des Abbaus von Missverständnissen sowie der Konfliktverhütung durch Verhandlung und Konsultation. Sie ist daher ihrem Wesen nach präventiv“ (Vetschera 2000: 101).

Gerade gegenwärtig bleibt die OSZE weiterhin unverzichtbar, obwohl sich der territoriale Bereich der OSZE mit jenem der NATO-Partnerschaft für den Frieden deckt:

- Aufgrund ihrer Bemühungen im sicherheitspolitischen Setzen von Standards wie im Bereich der ständigen Überarbeitung und Anpassung des im *Wiener Dokument* regulierten Regimes von *vertrauens- und sicherheitsbildenden Maßnahmen*;

- Aufgrund zahlreicher Bemühungen um *Kommunikation, Beobachtung und Überwachung* in Bezug auf VSBM oder der Bestimmungen des Verhaltenskodex über die demokratische Kontrolle von bewaffneten Kräften oder in Bezug auf Wahlen;
- Aufgrund politisch-rechtsstaatlicher *Entwicklungszusammenarbeit*, so vermittels des Büros für demokratische Institutionen und Menschenrechte, des OSZE-Beauftragten für Medienfreiheit, durch Veranstaltungen und Seminare für Regierungsbeamte, Experten, Vertreter nichtstaatlicher Organisationen und Medienvertreter über sensible Themen;
- Aufgrund der zahlreichen kurz- oder langfristig stationierten *Vor-Ort-Missionen* mit unterschiedlichen Aufgaben (vgl. Schneider 2000: 89f).

Die OSZE hat insgesamt „geholfen, eine Eskalation komplexer Szenarien einzudämmen“ (Aichinger 2005: 233). Demnach haben viele Beispiele von Missionen gezeigt, „dass die Missionen immer den schmalen Grat zwischen Kritik an und Rücksichtnahme auf die Regierungen der Gastländer gehen müssen“ (ebd). Insgesamt hat die OSZE *zwei Funktionen* in den letzten beiden Jahrzehnten gehabt: Als *umfassendstes Forum für Sicherheitskooperationen* hat sie den Weg der Übergangs in Europa von der *Konfrontation* hin zu *Kooperation* auf breitem Feld unterstützt, zudem ist die OSZE mit flexiblen *Instrumenten des Konfliktmanagements* imstande, gezieltes Handeln in Konfliktsituationen durchzuführen.

Literatur

Ackeret, Markus (2010): Der OSZE-Gipfel endet mit magerem Resultat. Keine Einigung auf einen konkreten Aktionsplan. In: Neue Zürcher Zeitung, 4.12.2010, S. 3.

Aichinger, Wilfried (2005): OSZE: Sicherheitspolitische Aufgabenfelder und Missionen. In: Kernic, Franz/Hauser, Gunther (Hrsg.) (2005): Handbuch zur europäischen Sicherheit, Frankfurt/Main, S. 223–234.

Austria Presse Agentur (2000a): Schüssel präsentiert Österreichs OSZE-Vorsitzprogramm, APA231 5 AI 0468 vom 13. Januar 2000.

Austria Presse Agentur (2000b): Die Tätigkeit der OSZE in den Konfliktregionen 2, APA277 5 AI 0577 E APA 270/13.01 vom 13. Januar 2000.

Bischof, Burkhard (1999): Keine gute Zeit für Abrüstung. In: Die Presse, 20.11.1999, S. 1.

Bischof, Burkhard (1999b): Nutznießer und Feinde weiterer Abrüstung. In: Die Presse, 20.11.1999, S. 4.

Brey, Thomas (1999): Abrüstungsschritt erwartet. In: Salzburger Nachrichten, 18.11. 1999, S. 10.

Die Presse (1999): Schlusserklärung. In: Die Presse, 20.11.1999, S. 4.

Dubinin, Yuri Vladimirovich (2015): The Helsinki Decalogue: Where it all Began. In: Security Community (The OSCE Magazine), Issue 1/2015, S. 18–19.

Gehler, Michael (2015): Helsinki-Mythos oder Helsinki-Effekt? In: Die Presse, 31.7.2015, S. 26.

Gekle, Helmut (2014): Minister besucht OSZE-Monitorausbildung. In: Der Soldat, 3.12.2014, S. 6.

Hauser, Gunther (2009): US-Raketenabwehr – Russland, die NATO und Georgien. In: Landesverteidigungsakademie/Institut für Strategie und Sicherheitspolitik (Hrsg.): Raketenabwehrsystem aus technischer, strategischer und geopolitischer Sicht, Schriftenreihe der Landesverteidigungsakademie 5/2009, Wien, S. 83–111.

Hauser, Gunther (2005): The Mediterranean Dialogue: A Transatlantic View. In: Defensor Pacis, Issue 16, January 2005, Athens, S. 21–67.

Hauser, Gunther (2004): Sicherheitspolitik und Völkerrecht, Frankfurt/Main.

Hauser, Gunther (2000a): Die NATO – die Grundlage des euro-atlantischen Sicherheitsverbundes. In: Hochleitner, Erich P. (Hrsg.) (2000): Das Europäische Sicherheitssystem zu Beginn des 21. Jahrhunderts, Wien, S. 267–335.

Herszenhorn, David M. (2014): Pro-Europe parties appear to gain in Moldova vote. In: International New York Times, December 2, 2014, S. 3.

Hofbauer, Sophie/Froese, Ursula (2015): When a Million People Have to Flee. In: Security Community (The OSCE Magazine), Issue 1/2015, S. 9–11.

Ilić, Mia (2015): The OSCE Troika. In: Security Community (The OSCE Magazine), Issue 1/2015, S. 28.

Kemp, Walter (2011): Max van der Stoel: 1924-2011.In: OSCE Magazine 2/2011, S. 29–30.

Kirchengast, Josef (2010): „Gewalt in der Politik darf keine Zukunft haben“, Bundespräsident Fischer nach dem umstrittenen OSZE-Gipfel bei Kasachstans Staatschef Nasarbajew. In: Der Standard, 4.12.2010, S. 6.

Kunz, Raimund (2010): Lisbon 1996: Setting the course for a balanced European security order. In: OSCE Magazine, Issue 4/2010, S. 12–13.

Lachowski, Zdzislaw (2009): The CFE Treaty One Year After Its Suspension: A Forlorn Treaty, SIPRI Policy Brief, January 2009, Stockholm.

Mader, Georg (2010): Offene Fragen zu „Open Skies". In: Europäische Sicherheit 9/2010, S. 76–80.

Mayerhofer, Herta (2015): Die Menschenrechte – Versuche zur Realisierung des Konzepts. In: Wiener Blätter zur Friedensforschung, Vierteljahreszeitschrift des Universitätszentrums für Friedensforschung (UZF), Ausgabe 162, März/1/2015, S. 36–50.

Munro, Colin (2010): Budapest 1994: Die KSZE ernst nehmen. In: OSCE Magazine, Issue 4/2010, S. 10–11.

Oberle, Rodolphe (2011): Guarding the gateway where the world begins and ends. In: OSCE Magazine, Issue 2/2011, S. 12.

Oliver, Spencer/Chepurina, Maria (2015): Time for a new OSCE Strategy? In: Security Community (The OSCE Magazine), Issue 1/2015, S. 21.

OSCE (2015a): The OSCE in Ukraine December 2014 to June 2015. In: Security Community (The OSCE Magazine), Issue 1/2015, S. 7–8.

OSCE (2015b): Mediterranean Partners for Co-operation, http://www.osce.org/networks/111472 (Zugriff am 15.9.2015).

OSCE (2015c): Darkness and Light: Snapshots from the OSCE Special Monitoring Mission to Ukraine. In: Security Community (The OSCE Magazine), Issue 1/2015, S. 12–15.

OSCE (2015d): The V to V Dialogues, http://www.osce.org/cio/108342 (Zugriff am 10.11.2015).

OSCE (2014a): Ukraine – the OSCE toolbox in action, 27 March 2014, http://www.osce.org/ukrainemonitoring (Zugriff am 2.4.2014).

OSCE (2014b): Joint Statement by the Heads of Delegation of the OSCE Minsk Group Co-Chair Countries, Basel, Switzerland, 4.12.2014, http://www.osce.org/mg/129421 (Zugriff am 4.1.2015).

OSCE (2013a): Signing of the Helsinki Final Act, http://www.osce.org/who/43960, (Zugriff am 8.5.2013).

OSCE (2013b): OSCE Office in Tajikistan boosts cross-border dialogue on mine action, http://www.osce.org/tajikistan/99678 (Zugriff am 8.5.2013).

OSCE (2013c): Funding and budget, http://www.osce.org/who/86 (Zugriff am 8.5.2013).

OSCE (2012): What is the Forum for Security Co-operation?, Factsheet, Conflict Prevention Centre, FSC Support Section, OSCE Secretariat, Vienna.

OSCE (2010a): OSCE Engagement with Afghanistan. In: Security Community (OSCE Magazine), Issue 4/2010, S. 33.

OSCE (2010b): Engagement with Afghanistan in Tadjikistan; Border Management Staff College; Election Support in Afghanistan. In: Security Community (OSCE Magazine), Issue 4/2010, S. 36–37.

OSCE (2010c): OSCE Summit Astana 2010, Astana Commemorative Declaration „Towards A Security Community" (AS 10E W01), Astana.

OSCE (2002): OSCE relations with Mediterranean Partners for Co-operation, Office of the Secretary General (External Co-operation Section), Background Paper, October 2002, Vienna.

OSCE Forum for Security Co-operation (2013): OSCE supports states to stop proliferation of weapons of mass destruction, http://www.osce.org/fsc/91950 (Zugriff am 8.5.2013).
OSCE Magazine (2012): Making sure we are all rowing in the same direction, Interview with Ambassador Erwan Fouéré, The Special Representative of the Chairperson-in-Office for the Transdniestrian Settlement Process. In: OSCE Magazine, Issue 2/2012, S. 6–9.
OSCE Magazine (2008): The OSCE Mission to Georgia. In: OSCE Magazine, October-November 2008, S. 7.
OSCE Project Co-ordinator in Uzbekistan (2013): OSCE Project Co-ordinator in Uzbekistan supports fight against illicit drugs, http://www.osce.org/uzbekistan/101013 (Zugriff am 8.5.2013).
Pacer, Valerie (2010): Vienna Document 1999, Updated: August 2010, Arms Control Association, Washington D.C., http://www.armscontrol.org/print/4403 (Zugriff am 8.7.2012).
Panorama DDR (1986): Stellungnahme des Politbüros des Zentralkomitees der SED, des Staatsrates und des Ministerrates der DDR vom 22. Oktober 1986. In: Unser Standpunkt DDR. Zu den Ergebnissen und Lehren von Reykjavik, Auslandspresseagentur GmbH (Panorama DDR), Dresden 1986, S. 7–9.
Periotto, Costanzo (2011): The 15th anniversary of the Arms Control Agreement in South-Eastern Europe. In: OSCE Magazine 2/2011, S. 27–28.
Perrin de Brichaumbaut, Marc (2010): Paris 1990: An der Schwelle zu einer neuen Zeit. In: OSCE Magazine, Issue 4/2010, S. 6–7.
Polunina, Valentyna (2015): Interview with Iluta Lāce (Marta Resource Centre for Women in Riga). Marta in Uzbekistan. In: Security Community (The OSCE Magazine), Issue 1/2015, S. 32–33.
Presseagentur Nowosti (1989): UdSSR ’89 Jahrbuch, Moskau.
Richter, Wolfgang (2010): A new start for the Vienna Document. In: OSCE Magazine, Issue Number 4/2010, S. 16–18.
Rotta, Alessandro/Mozur, Michael C. (2010): Regional Co-operation in the context of European and Euro-Atlantic integration. In: Busek, Erhard/Kühne, Björn (Hrsg.) (2010): From Stabilisation to Integration. The Stability Pact for South Eastern Europe, Wien, S. 23–34.
Schlager, Erika (2003): Human Dimension of the Helsinki Process, The Helsinki Commission, Washington D.C.
Schneider, Heinrich (2000): Die Entwicklung des Systems internationaler Friedenssicherung: Neue Ansätze und ihre Probleme. In: Hochleitner, Erich P. (Hrsg.) (2000): Das Europäische Sicherheitssystem zu Beginn des 21. Jahrhunderts, Wien, S. 33–91.
Security Community (The OSCE Magazine) (2015): The OSCE: an inspiration for Asia, Interview with Shin Dong-ik, Deputy Minister for Multilateral and Global Affairs of the Ministry of Foreign Affairs of the Republic of Korea. In: Security Community (The OSCE Magazine), Issue 1/2015, S. 22–25.
Security Community (The OSCE Magazine) (2014): Meet the Chairperson-in-Office, Interview with Ivica Dacic, First Deputy Prime Minister and Minister of Foreign Affairs of Serbia, Chairperson-in-Office of the OSCE for 2015. In: Security Community (The OSCE Magazine), Issue 4/2014, S. 8–11.

Simonet, Loic (2012): Open Skies: successes and uncertainties of an iconic post-Cold War instrument. In: OSCE Magazine, Issue 1/2012, S. 18–21.
Sommerbauer, Jutta (2015a): „Der lokale Kommandant macht, was er will“, Interview mit Alexander Hug, Vizechef der OSZE-Beobachtermission in der Ukraine. In: Die Presse, 15.7.2015, S. 4.
Sommerbauer, Jutta (2015b): „Den Menschen das Leben vereinfachen“, Interview mit Martin Sajdik, OSZE-Vermittler im Ostukraine-Konflikt. In: Die Presse, 2.10.2015, S. 2.
Sommerbauer, Jutta (2010): Der geplatzte OSZE-Gipfel. In: Die Presse, 3.12.2010, S. 10.
Strohal, Christian (2015): „Helsinki-Realität“: OSZE und der Ukraine-Krieg. In: Die Presse, 5.8.2015, S. 22–23.
Tanner, Fred (2015): Rethinking the OSCE and Security in Europe. In: Security Community (The OSCE Magazine), Issue 1/2015, S. 29–30.
The Economist (2014): Nagorno-Karabach: A mountainous conflict. In: The Economist, September 6th, 2014, S. 28.
The Helsinki Commission (2003): United States Commission on Security and Cooperation in Europe, Washington D.C.
Tomuschat, Christian (2014): Sleeping beauty. The OSCE Court of Conciliation and Arbitration. In: Security Community (The OSCE Magazine), Issue 2/2014, S. 36–37.
Ultsch, Christian (1999a): Einigung mit Vorbehalt. In: Die Presse, 20.11.1999, S. 1.
Ultsch, Christian (1999b): Der russische Bär beim diplomatischen Bienenstock der OSZE. In: Die Presse, 20.11.1999, S. 3.
U.S. Department of State (2012): Overview of Vienna Document 2011, http://www.state.gov/t/avc/cca/c43837.htm (Zugriff am 8.7.2012).
Van Ham, Peter (2005): EU, NATO, OSCE – Interaction, Cooperation and Confrontation. In: Kernic, Franz/Hauser, Gunther (Hrsg.) (2005): Handbuch zur europäischen Sicherheit, Frankfurt/Main, S. 155–168.
Van Langenhove, Luk (2014): Chapter VIII. In: Security Community (The OSCE Magazine), Issue 2/2014, S. 19–21.
Vetschera, Heinz (2000): Grenzen und Möglichkeiten kooperativer Sicherheitspolitik in Europas am Beispiel der Organisation für Sicherheit und Zusammenarbeit in Europa (OSZE). In:. Hochleitner, Erich P (Hrsg.) (2000): Das Europäische Sicherheitssystem zu Beginn des 21. Jahrhunderts, Wien, S. 93–151.
Vukovich, Martin (2014): Die Helsinki-Akte als Basis für ein neues Zeitalter. In: Die Presse, 24.10.2014, S. 30–31.
Windisch, Elke (1999): Angst vor neuer Eiszeit. In: Die Presse, 20.11.1999, S. 4.
Zagorski, Andrej (2010): Helsinki 1975. Die Schlussakte von Helsinki und die Sowjetunion. In: OSCE Magazine, Issue 4/2010, S. 4–5.
Zannier, Lamberto (2015): Reviving the Helsinki Spirit – 40 years of the Helsinki Final Act. In: Security Community (The OSCE Magazine), Issue 1/2015, S. 16–17.
Zellner, Wolfgang (2002): The OSCE: Uniquely Qualified for a Conflict-Prevention Role, Searching for Peace in Europe and Eurasia, http://www.conflict-prevention.net/print_article.php?id=17 (Zugriff am 24.2.2010).

Zentrum für Internationale Friedenseinsätze (ZIF) (2014): Die OSZE und der Waffenstillstand in der Ukraine: Vermitteln, Beobachten, Überwachen, ZIF kompakt, 24. Oktober 2014, Berlin.

Der Autor

Dr. Gunther Hauser ist Leiter des Referats Internationale Sicherheit am Institut für Strategie und Sicherheitspolitik der österreichischen Landesverteidigungsakademie in Wien und seit 2006 Vizepräsident des *Wissenschaftlichen Forums für Internationale Sicherheit e.V.* (WIFIS) an der Führungsakademie der Bundeswehr in Hamburg.